比較経営研究 第47号

ISSN1882-0670

日本比較経営学会 編

Japan Association for
the Comparative Studies
of Management

ポスト
資本主義の
経営を求めて

新自由主義的
経営実践のリセット

文理閣

巻頭言

　ここに、日本比較経営学会第47回全国大会統一論題を特集とする『比較経営研究』第47号が完成し、皆様のお手元に届けることができ、大変嬉しく思います。新潟薬科大学での全国大会を成功に導いてくださった中道眞大会実行委員長、木村有里プログラム委員長及び編集委員会（根岸可奈子委員長）のご尽力に感謝申し上げます。この学会の共有財産として次の世代に継承できることを願っています。

　5月に開催される全国大会で次の理事長にバトンタッチしますので、改めて学会の共有財産とは何か考えてみたい。この財産はintangibleです。財産の共有性はどこにあるのでしょうか。この3年間その点を考え続けてきました。一つの解が「比較すること（to compare）」です。決して「比較（comparison）」ではありません。この点から投稿された論稿を読み込んでみます。

　特集の最初の高久保豊論文は、統一論題に真正面から取り組んでいただいた労作です。北京と深圳における自らのICT企業・地域の現地調査と「衆創空間」を巡る諸研究・言説を「比較すること」が決定打となっています。しかも「伝統中国」と「社会主義の中国」「改革・開放の中国」を比較すること、「法の側面」と「儒の側面」を比較することなど、実に更に多層に「比較すること」が重なっています。その結論は、中国古典思想のなかに同型性が見いだせるだけでなく、さらにそれも人類の経験と重なるという展望です。

　第2の櫻井秀子論文も統一論題に真正面から取り組んでいただいた鋭角的な作品です。取り上げられているのは「営利・非営利のハイブリッド経営」ですが、その底辺では、日本や欧米の資本主義経営の危機的状態、戦争や制裁で苦悩しているイスラム圏の経営実態そして比較的安定・成長している湾岸・トルコ・マレーシア・インドネシアのハイブリッド経営が「比較され」ています。この「比較行為」から引き出されるのが共存在価値の創造です。これは我々に迫ってきています。

第3の太田行信論文は非常に簡潔で挑発的論題が付いていますが、スマートにまとめられ、日本的経営の歴史を学ぶにも最適なテキストです。そこには、アメリカ資本主義の経営との「比較」が底辺にありながら、そこで「比較されている」のは、戦前期、戦中期、復興期、高度成長期、1990年前後以降の現在です。「比較すること」からだされる「まとめ」にはブレークスルーが求められています。

　第4の溝端佐登史論文は、現代の企業社会で観察される世界的諸現象と現代資本主義の多様性論のさまざまな説とを「比較すること」から世界の諸資本主義が国家主導資本主義へ転換していることを導き出し、さらに政治資本主義や専制主義に収まりきらない国家主導性とそのロシア的特質の分析に深化しています。そこで問われているのは、その下での新しい社会契約の設計です。この設計は先の高久保論文、櫻井論文とも関わります。

　それはまた、太田論文が日本の企業経営のなかで求めているものにつながる可能性があり、さらには、洪性旭・青木雅生研究ノートが適切な評価をもとめている「社会的価値」にも通じています。比較経営学会の真価が問われている研究課題です。馬場一也・村山和恵・富樫幸一のワークショップ報告「まちづくり会社・株式会社パッチワークAKIHAの設立・現状・課題」は、上記の課題をひとつのローカルな空間のなかでどのように志向するのかを問い続けています。比較経営学会の全国大会と本号でその報告に接することができたことは幸運です。

　最後になりましたが、山崎敏夫論文は歴史的視点と国際構造的視点を「比較すること」、そして3つの時期を「比較すること」で現代のドイツ企業経営の「強み」まで到達しています。比較経営研究の誇るべきひとつの到達点を示しています。

　田中宏書評セッション報告書は、冒頭で述べたこと、研究と模索、探求、関連性の追求の指向性のもとでは常に「比較する」という学術的方法・行為が重要であることを気づかせてくれています。

　2023年1月18日

日本比較経営学会

理事長　田中　　宏

目　　次

特集によせて

ポスト資本主義の経営を求めて
——新自由主義的経営実践のリセット——

木　村　有　里（第47回全国大会・プログラム委員長）

　本特集は、2022年5月13日〜5月15日に新潟薬科大学にて開催（オンライン方式）された日本比較経営学会第47回大会の統一論題「ポスト資本主義の経営を求めて―新自由主義的経営実践のリセット―」の報告および討論を基にした論考が収録されている。この大会の趣意文は以下の通りである。

　「冷戦期と呼ばれた時代には、資本主義と社会主義の対抗、そのもとでの企業と経営の在り方の相違（優位性）が探求された。1990年代以降になると資本主義が唯一の選択肢となり、新自由主義的な姿が追求されるようになった。その批判の軸は、資本主義の多様性とその下での経営の多様性、および、自己利益に基づいて合理的に行動する「ホモ・エコノミクス」の多様性であった。だが、それも限界を迎えている。

　ひとつは、世界的空間での市民の登場である。世界各地で萌芽した市民の自覚、運動は緩やかに相互影響しながら、一方では草の根の活動として、他方ではグローバルな連帯として声をあげるようになった。二つ目は、物質・エネルギーの機械制製造の時代から生命を含む情報系・デジタルの時代への世界史・人類史的展開であろう。三つ目は、2008年以降の世界金融経済危機による新自由主義資本主義の行き詰まりである。約10年後、2019年からの新型コロナウイルスによるパンデミックはそれを決定的に

しただろう。自由と民主主義の価値観を擁護し、権威主義として中国を批判する米国も、経済運営にあたって政治や国家の役割を重視せざるを得ない。

そこには、典型的には市場メカニズムによる調整機能に依存するモデル、すなわち自由市場原理主義に基づく市場経済システムに依存する資本主義（アングロ・サクソン型資本主義モデルとも称することができよう）と、政治的・社会的な制度による調整機能に依存するモデル、換言すると市場以外の制度に依存する経済システム・調整型市場経済システムを有する資本主義のせめぎ合う姿が現れている。だが、ポスト資本主義はこれにとどまらない。

21世紀の経済学者や経営学者が経済システムや経営システムの将来像を語る時でてくるものは、価値や倫理・道徳、信頼や信認、社会性を内在化しようとする強い指向性である。それらは、アダム・スミスと啓蒙主義、近代の社会諸科学がその体系化の歩み、あるいは、枠組みの中で放逐しようとしてきたものではないだろうか。

世界に眼をむければ、さまざまな地域で多様な倫理や道徳、信頼や信認を内包し、社会性との共存を指向する企業・経営が存在している。それらは、世界を覆った新自由主義のもとでは傍流として扱われ、非合理的かつ成長を阻害するものと見なされていた。しかし、今、ポスト資本主義の探求の中で、資本主義のもつ多様性や、企業・経営の多様な在り方の解明が問われている。その解明の先には、民族的・文化的・地域的相違を超えた経営学の教義の新しい扉が開かれようとしている。それは、比較経営学さらには経営学にパラダイムシフトと革新をもたらすものである。

設立以来、企業・経営を社会のあり方と関連づけて究明すべく取り組んできた本学会は、世界の多様な企業・経営の様相を研究する多数の会員を擁している。第47回大会では、それら比較経営学の知見を共有し、議論することで、理念的批判にとどまらず、ポストコロナ時代を見据えて、より実態的なポスト資本主義の模索を試みたい。」

コロナ禍の暗闇がようやく明けると思われた2022年、ロシアによるウクライナ侵攻と戦争の長期化によって世界は新たな闇に覆われてしまっ

た。平和を愛する諸国民の公正と信義に信頼すると誓った日本もまた、「中国を念頭に」を枕詞として自衛力強化を進めている。ついには、「新しい戦前」という言葉も呟かれるようになった。このような状況の中で、私たちには何ができるのかと考えざるをえない。その意味でも第47回大会において、ロシア、中国、イスラーム、日本をフィールドとした報告者と共に、歴史、情勢、さまざまな価値観もふまえてポスト資本主義の経営について討論ができたことは意義深い。それらをもとに執筆された本特集は2022年の経営学者たちの探求の記録として大きな意味を持つものになるだろう。これが未来の平和への蝶の羽ばたきとなりますように。

（きむら　ゆり／中央大学）

中国企業のビジネスモデル革新と経済・社会体制の移行をめぐる再吟味

髙 久 保 　 豊

1. はじめに

　本稿の目的は、ビジネスモデル革新の著しい中国ICT企業を主たる対象として、今日の世界的潮流のなかで論じられる「新自由主義的経営実践のリセット」、「ポスト資本主義の経営」を念頭に置きながら、経済・社会体制の移行との関連でこれらの経営実践をどのように解釈することが可能なのかという点に照準を定め、改めて問い直すことにある。

　もとよりこの問題提起はサイズが大きく、容易に論じきれるものではない。とはいえ、かつて日本比較経営学会全国大会のワークショップ[1]で2回にわたり取り上げた中国の「衆創空間」概念の変容を手掛かりに、若干の切り口を見出すことができた。本稿では、上記の問いに対するヒントとなりうる事柄を具体的に探し出すことを目指して、基本状況の確認を出発点として筆を進め、その後に問題を再整理し、明確化していくことに注力したい。

2. 経済・社会体制をめぐる世界的潮流
—「ポスト資本主義」・「新自由主義」をめぐる用語の確認—

　「ポスト資本主義」と「新自由主義」をめぐり、これまですでに膨大な議論が展開されている。本稿の筆者はこれを掘り下げるだけの十分な識見を持ち合わせていない。この節では、上記の問題提起を展開するに当たって必要最小限の事項を確認するに留めたい。

　まず、「ポスト資本主義」について検討したい。これは「資本主義の後」という含意であるが、ここでの「資本主義」をどう捉えたらよいのであろうか。いうまでもなく、「資本主義」がどのように誕生したのか、もしくはそれに先立つ体制がどのようなものであったのか、という点について、すでにどれほど多くの議論が重ねられてきたのか、ここで贅言を連ねるまでもないであろう。歴史的に遡りうる原初形態と、これに対する古典的解釈、その後に出現した数々の形態、そしてこれらに対する意味づけが、これまでなされてきた。

　とはいえ、これらの議論においてイメージされる「資本主義」の内実は、必ずしも一致していない。さらに注意を要するのは、現実世界と学術界との間での不一致である。今日の日本政府が打ち出した「新しい資本主義」という用法に至っては、国内のさまざまな考え方との兼ね合いもあり、その内実を精査して学術的な再規定をすることが求められよう[2]。他方、中国における「一国二制度」や「社会主義市場経済」については、本来その規定が国内で存在するにもかかわらず、国外では「国家資本主義[3]」のほか「赤い資本主義[4]」などと描写する向きもあった。さらに直近では「専制主義」という用語により「民主主義」と対峙されるネガティブなイメージを強調する論法が国際政治との関連で日本でも散見されるようになった[5]。メディアの影響が大きい今日、こうした呼称の乱立状態について、これを危惧しないではいられない。少なくともここから問われることは、「ポスト資本主義」という概念について、どのような「資本主義」の「後（＝ポスト）」を念頭に議論を進めていくのが妥当であるのか、という素朴な問いに対する再確認であろう。

　すなわち、「資本主義」に対する用語法が一致しているとは限らない以上、それらの指し示す内容が異なると心得ねばならない。こうしたもとで「ポスト資本主義」のメルクマールを確定しようとすれば、この時点でひとつの論点整理が不可欠になるものと考えられる。

　また、「新自由主義」についても、範囲の明確化が必要とされるところである。これを一種の「市場原理至上主義による経営」と定義することも可能であろう。ただし、仮に市場原理主義という規範が他の規範と比べて

圧倒的優位を有する状況を指すものであるにせよ、それがどの規範との比較で、どれほど優位であるのかは、必ずしも自明とは言えない。

とはいえ、「日本比較経営学会ニュース」No.34（2021年11月8日）に記される第47回全国大会の趣意書にあるように、すでに多様な実態が現出しつつある今日に目を向けることが求められるのは否定できまい。むしろ、この多様な実態を形成する要素に着目すれば、その背景がさらに幾重にもわたる複雑な要因により生み出されている様子が浮かび上がる。①ICTやAI技術の進展、②地球環境の問題、③コロナ禍、④国際政治情勢等々の外部要因はもちろん、人々の生活と価値観の変化に対する静かな地殻変動にも留意が必要であろう。

こうした文脈を踏まえ、本稿は「中国企業のビジネスモデル革新」を読み解く若干の手掛かりを探る試みに限定したい。議論の前提として、留意すべき用語とその背景を確認しながら、総体としてどのような風景が見えてくるのかを素描する作業に留まることをお恕し願いたい。まずは出発点として、2つの角度から検討を加えることとする。その1つは、中国における経済・社会体制の移行に関する再吟味である。もう1つは、中国企業のビジネスモデル革新をめぐる捉え方である。後者においては、ICTやAI技術の進展に伴う諸現象に着目し、とりわけ「衆創空間」概念の変容に対する解釈を取り上げたい[6]。

3. 中国における経済・社会体制の移行に関する再吟味

まず、通奏低音として期待される「新自由主義的経営実践のリセット」と「ポスト資本主義の経営」が、中国における経済・社会体制の移行といかなる関連を持ちえるのだろうか。本稿では中国の「社会主義市場経済」をどう位置づけるのかという吟味を後回しにし、中国企業の行動規範に影響を与える経済・社会体制をどう捉えるのかに関する見方を示すことから出発し、その整理ののちに上記の関連に対する考察を加えていくこととしたい。

本稿においては、高久保（2017）に依拠し、中国企業の行動規範に影響

を与える経済・社会体制を「中国の国情」として描き、これを理解する鍵
として、①1949年以前の「伝統中国」、②1949年から1978年までの「社
会主義の中国」、③1978年以降の「改革・開放の中国」という便宜的な三
つの時代区分を提起したい（67〜68頁）[7]。そして、この①②③の重層構
造として現在の「中国の国情」が説明しうるものとして捉える。ここにお
いて1949年は中華人民共和国が建国された年であり、1978年は改革・開
放政策が始まった年である。以下において、重層構造を構成する各要素の
特徴を描いていきたい。

　①「伝統中国」については、農耕重視との関連で自然を畏れ（＝自然の
天）、かつ祖先を敬い家族を大切にする発想（＝天命の天）のもと、儒仏
道が一体化した奥深い思想の複合体として中国社会の背景となる状況が描
かれる。そして、この「天人合一」の形式が今日中国ビジネスの実践にお
いて無意識に反映されている、と解釈する。すなわち、信賞必罰式の成果
主義のルールの制定と実施という側面と、企業リーダーが従業員に対して
人徳を示すべきと説かれる側面の融合が、往時の法家思想と儒家思想の融
合を彷彿させ、経営管理の「儒法モデル」として描きえる、という仮説
である（80〜83頁）。ここでの「儒」と「法」は純粋思想でなく、実践
から導かれる経験則を「陰陽和合」の2軸に見立てて再構成した要素であ
る。つまり、組織において個々人の責任事項を明確にし、成果と連動した
報酬の基準を明示する実践を、納得される合理的なルールを構築し執行す
る「法の側面」と捉え、従業員の声に対して均等に耳を傾け、人々の価値
観を理解しようとする実践を、尊敬されるリーダーとしての風格・能力と
姿勢を有する「儒の側面」として描いたものである。無論、周王朝から数
えても三千年以上にわたる「伝統中国」の描写については、数々の解釈が
可能である。

　ここでの「法の側面」と「儒の側面」に光を当ててみると、いずれもあ
る種の規範で縛っている点で共通している。ただし、前者が人間の外部に
あって厳しいルールとして人々に認識されうるものであるのに対して、後
者は人間の内面に留意して「人情（renqing）」として納得されうる規範に
訴えるものである。ある意味、前者が所与とされる事象への諦観であるの

7

に対して、後者はかかる状況に対峙する一種の公平感に基づく心理的調整の機能を担っている感があるとも言えよう。かたやイノベーションのためには優勝劣敗の競争が必要であり、そのための統制をやむなしと捉える一方で、かたやその執行過程で生じうるさまざまな予期せぬ誤謬を修正し、あるべき社会秩序を保つためのメカニズムが必要とされているものと解釈されるのである。この二者の関係をめぐるアナロジーは、ICTやAI技術の進展に伴う新しい社会規範にかかる説明のなかで再び言及されることになる。こうした同型性の観点から、①「伝統中国」の規範が現代に相通じる一面を垣間見ることができる。

　これに対して、②「社会主義の中国」については、③「改革・開放の中国」との関連において、経済・社会体制の移行という文脈に重ねてこれを描くことが可能であろう。1つの説明として、厲以寧の『中国経済二重移行の道』を挙げることができる（厲、2013）。これによれば、1979年より始まる経済運営への体制移行と、伝統的農業社会から工業社会への発展移行の2つが組みあったものであり、これらが重層的に移行する、という捉え方がなされている（厲、2013：1〜4頁）。とくに、体制及びその体制が有するメカニズムのなかから生じる内発的な力と、経済運営に対して外界から刺激を与えることによる外発的な力の2つが区別され、内発的な力が重要であることが強調される（同：5〜6頁）。これを言い換えれば、「体制移行の罠」への徹底した対策が不可欠である、との主張に通じるものがある。

　他方、体制移行と経済発展を二重の転換過程として描き出した業績として中兼の『経済発展と体制移行』がある（中兼、2002）。ここでは経済発展が「さまざまな構造変化を伴った多元的な長期の成長過程のこと」と定義される（中兼、2002：3頁）。ここでの構造変化とは、クズネッツのいう「近代的経済成長」に倣い、産業化、都市化、資本主義化あるいは近代化過程そのものと捉えられる（同：4頁）。しかし、経済的な要素・要因の変化による「狭義の発展」だけでなく、より広い社会構造全体の変化を伴う「広義の発展」に留意が必要であると指摘される。これに対し、体制移行は「計画中心から市場中心へ」という意味だけでなく、社会全体が社

会主義から資本主義へトータルに変化することを指すという（同：5頁）。これは財産権制度ないし所有制度、資源配分制度・機構、意思決定制度、刺激・分配制度などに加え、多元的・多面的な制度あるいは構造の転換を伴うものである（同：6頁）。

　ところが、経済発展と体制移行が決して同一の過程を指すものと考えられてこなかったのは、体制移行には所有制改革（とりわけ民営化）が焦点となるが、経済発展ではほとんど問題にされないこと、体制移行は途上国のみならず一定程度発展した国々の制度変化に焦点があてられること、経済発展が資本・技術・人的資本の導入によって引き起こされるのに対し、体制移行はむしろ資源の再配分と要素の効率性によってもたらされることなどが指摘される（同：9～10頁）。とはいえ、開発途上の移行経済においては両者が相互に絡み合い、中国もその例外ではないことが、中兼（2002）で具体的に論じられている。

　さて、いわゆる「計画経済から市場経済への移行」ないし「社会主義から資本主義への移行」という直線的な道行きが現実的でないことは、まさに「新自由主義的経営実践のリセット」と「ポスト資本主義の経営」という表現に符合する動向ともいえるであろう。目指されるべき経済・社会体制が「近代的な市場経済と工業社会」であると簡単に表現しえないからこそ、少なくとも「新自由主義的経営実践」とは異なり、「資本主義」の「後」と形容されている。これは独り中国に限った現象でなく、各国・地域においてさまざまな形で見出される事実であろう。これを中国の現象に限定して観察すれば、「先に豊かになれる者から豊かになる（＝先富）」と「最終的にはともに豊かになる（＝共同富裕）」という形で早くから言われたことが想起される。現状は「市場経済から計画経済への逆戻り」とはいえないまでも、共同富裕の理念に着目すると「社会主義」が目指そうとしている理念に近づいている意味合いがある。ただし、長い中国史から見れば、これを②「社会主義の中国」の枠組みで捉える発想のほうがずっと新しく、共同体を連想する理念でいえば、これを『礼記・礼運篇』に見出すこともできる[8]。ここから社会主義的な発想の起源が①「伝統中国」に遡りうるという見解さえも可能になるのである（溝口、2004）。

それはひとまず置くにしても、経済・社会体制という枠組みで考えた場合、②「社会主義の中国」と③「改革・開放の中国」の両者は、②が③に取って代わられたのでなく、②と③が重層構造として並立するものと解釈できる。結局のところ、統治の方式[9] として見出されうる①「伝統中国」における「儒の側面」と「法の側面」、ならびに民生重視としての②「社会主義中国」の側面と経済効率重視としての③「改革・開放の中国」の側面のすべてが一貫して現代中国の規範のなかで構成要素たる力量を発揮していることになる。

　そこで、本節のはじめに提起した問題提起に戻って整理してみたい。「新自由主義的経営実践のリセット」と「ポスト資本主義の経営」は、中国における経済・社会体制の移行が現実において直線的に進行しがたいことを形容する表現と言えるであろう。たとえば、改革・開放政策が始まって以降の一時期、とくに20世紀90年代を中心とする「向銭看」の頃が「市場原理至上主義による経営」として描かれる一方、21世紀以降は経済のグローバル化が加速しつつも胡錦濤政権により「和諧社会」が提唱されている。習近平政権となった2012年以降には「新常態」ないし「新時代」が打ち出され、コロナ禍も相俟って従前ほどの高い経済成長率が見込めなくなると、まさに何らかの明確な「リセット」が余儀なくされてくる。そのなかには「新自由主義的経営実践のリセット」の要素が含まれるが、それは同時並行して「新自由主義的経営実践の加速」が見られるからこその反作用かもしれない。この点に留意しながら、次の節では中国企業のビジネスモデル革新をめぐって筆を進めたい。

4. 中国企業のビジネスモデル革新をめぐる捉え方
—ICT企業の「win-win志向」を中心に—

　本稿で描こうとするビジネスモデル革新については、これを「win-win志向」のビジネスモデルへの転換に限定して論じていきたい。その含意については、以下で説明する。

　21世紀に入り、経営学の分野でビジネスモデルの議論が交わされるようになった。根来・浜屋（2012）はビジネスモデルを「事業活動の構造

モデル」と定義し、戦略モデル、オペレーションモデル、収益モデルという3つの構成要素で成り立つとした。オスターワルダー＝ピニュール（2012）は「いかに価値を創造し、顧客に届けるか」を描き出すべく「ビジネスモデル・キャンバス」を世に問うた（原著2020年）。顧客セグメント（CS）、価値提案（VP）、チャネル（CH）、顧客との関係（CR）、収益の流れ（R$）、リソース（KR）、主要活動（KA）、パートナー（KP）、コスト構造（C$）という9つのブロックで構成される枠組みである。

いずれも、事業システムだけではなく「収益モデル」が構成要素として存在している点にその本質が表れているが、さらに「ビジネスモデル・キャンバス」では「顧客にどんな価値を提供するか」という価値提案（VP）が中心に位置づけられる点に特徴がある。顧客というステイクホルダーをキャンバスの真ん中に据え、収益性を重く見ながらも、それが最終目的ではなく、あくまで顧客の満足をゴールとする設計思想であることを読み取ることができる。本稿におけるビジネスモデル革新も、企業の力強さという観点からみた「収益性」よりも、その前提として配慮されるべき「社会性」に着目していくこととしたい。

この節で筆を進めるのに先立ち、前節で掘り下げた経済・社会体制に関する議論を絡めながら、中国企業のビジネスモデル革新と関連する先行研究に若干触れておきたい。

代表的な議論の1つとして丸川（2013）や丸川・梶谷（2015）がある。前者は国有企業を強化する中国政府の方針に言及しつつ、今後は民間企業が中国経済を牽引するはずであると述べる（丸川、2013：293頁）。後者は、中国が経済大国化しつつも軋みが生じており、それがどんなインパクトをもたらすかを論じている。これらは中国における国家主導経済と民間経済の両側面が混在する状況を描写しているが、加藤・渡邉・大橋（2013）は、書名の副題のとおり中国の体制を「国家資本主義」と規定し、中国モデルとしての特徴として、ルールなき激しい生存競争、国有経済のウェイトが高い混合体制、地方政府間における成長競争、官僚・党支配層の利益集団化を指摘している（加藤、223頁）。

これに対し、梶谷（2015）は丸川の用語法を引き合いに「大衆資本主義

（＝民間主導）」的側面と「国家資本主義（＝国家主導）」的側面が簡単には切り離せない点を強調し（206 〜 207頁）、「イノベーション」の可能性をどのように評価するか（225頁）にかかると指摘する。そして、長期的に見たときの中国経済の持続可能性は、民間の企業家が国家との持ちつ持たれつの関係を解消し「自分たちにとって望ましいルールを作り、自分たちのための国家を作ろう」という主体的かつ積極的な姿勢をもって国家と対峙していけるかどうかにかかわると述べるが（263頁）、「長期的」のスパンは明確に示していない。

　これらの議論は、マクロレベルにおける中国の経済・社会体制の持続可能性をイノベーションとの関わりで説明しようとしている。他方、ミクロレベルに踏み込んだ議論として、中国ICT企業をめぐる新しい現象を説明しようとする研究成果が近年、報告されるようになった。上述のように、経済・社会体制の移行が、かつて議論が盛んであった「改革・開放」の方向のみならず、逆方向に戻りつつあるようにも映る今日の中国において、ICT企業に見られる新しいビジネスモデルの出現をどのように位置づけたらよいのか、という論点の整理が必要であろう。以下では、ここ数年で提起された4つの主張を瞥見することにしたい。

　1つめは李智慧（2018）の主張である。ここでは、中国で進行している今日の変化が「モバイル決済の爆発的な普及を突破口に、デジタル化の潮流に中国社会全体が乗った結果」であると指摘され（12 〜 13頁）、中国型イノベーションの本質が掘り下げられる。ただし、急速に進むデジタル化については、その負の側面に関する論及が見られている。

　2つめは木村（2019）の捉え方である。ここでは、起業を通じたイノベーションとエコシステムに焦点を当て、中国の事例として、ベンチャーキャピタル、コワーキングスペース、スタートアップ支援、オープンソースとマスイノベーション、シェアリング・エコノミーなどが取り上げられる。ただし、エコシステムという概念に関しては、①起業のためのエコシステムのほかに、②ビジネス・エコシステムが区別されるべきであるという。後者は「特定の企業がビジネスを成り立たせるために構築した外部プレーヤーとの協力関係全体のこと」であると規定され、「サプライチェー

ン上の多様な企業との連携や、R&Dにおける連携、ユーザーとの協調などが含まれている」という（19頁）。ここにおいては、競争よりも協調が重要であり、複数の企業が協調したビジネスシステム同士の競争という見方が求められる、と指摘される。とはいえ、東アジアの経済を理解するうえでは、前者の意味合いにおけるエコシステムの視点が欠かせない、とも示唆されている（235頁）。

　3つめは岡野（2020）の解釈である。ここでは、中国デジタル・イノベーションの体系全体を「複合的な要因×変化」として構造的に理解して個々のケースが分析される。具体的には、プラットフォーマーと伝統的企業の競争と提携という視点が提示され（7頁）、中国のデジタル革命が「インターネット第2ラウンド」を迎えていると解釈される（226頁）。そして、消費者の集客をめぐる競争から企業のエンパワーメントをめぐる競争へとシフトしていることが取り上げられ、消費インターネットから産業インターネットへの転換が観察されるという（227頁）。また、こうしたシフトに伴い、デジタル競争の環境変化のなかで、中国における伝統的な組織文化も含めた変革が必要となり、これを成し遂げることは多くの中国企業にとって容易ではない、という考え方が示されている（362頁）。

　さらに踏み込んだ4つめの見方として、高須・高口（2020）に言及しておきたい。ここでは今日のモノづくりのあり方に対して「計画を立てるよりも先に手を動かして試作品を作る人や企業が勝利する時代となった」と総括される。とりわけ高須は、2022年3月のオンラインイベントにおいて、近年では多くの中国企業が知的財産権の重要性を理解し、企業戦略としてオープンソースに注力していると述べ、オープンソースをめぐる動きが重要であることを指摘している（山形・八田・伊藤・牧・梶谷・高須、2022-03-15）。

　以上の4つの主張には、以下の関連性を見出すことができるであろう。まず、ICTやAI技術の進展は、人間が従前に積み上げてきた技術体系をよかれあしかれ劇的に変容させ、これに伴う倫理や社会規範に大きな影響を与える。その結果として、これまでに経験のない「ウルトラ・ビジネスモデル」と「ウルトラ経済・社会体制」が現出される可能性がある。この点

において、李智慧（2018）が言及する負の側面への留意が必要であろう。

　また、木村（2019）における①「起業のためのエコシステム」と②「ビジネス・エコシステム」の区別と関連に付言すれば、②は新しい巨大な企業連携の形成過程とそこでの新ルールのあり方を問うものであり、岡野（2020）の競争と提携ならびに「第2ラウンド」以降が焦点となる。とはいえ、ミクロレベルにおける（広義の）モノづくりの起点である①と、マクロレベルにおけるモノづくりの協力体制である②との間には、その形成過程を通じて密接な関連が生じる点を見落としてはなるまい。いずれも新ルールの形成に対する人々の受容度に関わる事柄であり、統治のあり方が論点となる「儒法モデル」との接点が見出されるのである。高須・高口（2020）におけるオープンソースの話題を岡野（2020）の区分で位置づければ「第3ラウンド」に相当するかもしれないが、そこでの留意点は競争と提携のあり方であり、新ルールをめぐる合意のあり方にほかならない。

　こうした文脈から、中国ICT企業に見られる「win-win志向」の動きを観察することが求められるのではないか。本稿の筆者の視座はこの点に置かれている。実際、4つの主張とも、急速な技術革新のなかで生じている中国企業のビジネスモデル革新に関わる指摘であり、重要な断面を切り取っているといえる。ただし、現実には2021年前後において顕著に表れたように、中国当局が自国の大手デジタル企業に対して数々の規制を課すようになり、さらに新たな局面に入り始めた気配が見られることに留意が求められるのである。

　問題となるのは、アリババやテンセントに対する数々の政策が、「共同富裕」を念頭に置く中国の現政権による政治的動機によるものなのか、あるいは経済的公正さを念頭に各国・地域がICT企業に対する規制をかけている背景と軌を一にする世界的潮流の一断面なのか、という点の見極めであろう。筆者はこれらの複合状況であろうという見方をとる。中国のビジネスモデル革新を捉える視座として、2021年前後における世の中のさまざまな状況変化を踏まえつつ、これを精査するとき、それはおそらくコロナ禍における変化でもあり、ICT企業の独占的地位に対する政策でもあり、国内の政治状況に関する変化でもあり、半導体製造技術の革新に伴うソフ

トウエア開発のあり方と連動する変化でもあるだろう。性急に仮説を立てるのが困難な複合状況のもとにあると考える理由はここにある。

5.「衆創空間」概念の変容をめぐる諸現象との関連

　上記の通り、ICT企業を中心として中国のビジネスモデル革新とその経営実践の展開を解釈するに当たり、さまざまな要因を念頭に置くことが求められるであろう。本稿では最後に「衆創空間」という限定された観察対象に焦点を絞り、そこにおける変化の一断面を描き出すことによって、より大きな現象を解釈するヒントを導出する試みを進めたい。

　「衆創空間」とは、中国のメイカースペース[10]を指す概念である（髙久保、2019：167頁）。その前身である「創客空間」もメイカースペースに相当するが、「衆創空間」には「メイカー」（中国語の「創客」）だけでなく「衆」の字が加わり「クラウドイノベーション」の語感を帯びている。金堅敏（2016）は「衆創空間」を「コワーキングスペース」＋「メイカースペース」or「ハッカースペース」＋「スタートアップ・アクセラレータ」の融合形態であると捉え、これを「創業初期の大衆向けイノベーション・システム」としての「創新サービスプラットフォーム」であると要約する（金堅敏、2016：7頁）。

　これに対して、張継紅ら（2016）は、「衆創空間」の定義として、国務院弁公庁による「低費用・便利化・全要素・開放式の新型創業サービスプラットフォーム」という位置づけを紹介するほか、科技部による「四化（市場化・専業化・集積化・ネット化）、三結合（創新と創業、ネットワークと実店舗、インキュベーションと投資）、四空間（活動・ネット・交流・資源共有）」という規定を紹介する（張継紅ら、2016：46 〜 47頁）。

　これらの定義から暗に読み取れるのは、「衆創空間」概念とその内実の拡大であろう。これらを踏まえ、髙久保（2019）は2017年から2018年にかけて北京と深圳の「衆創空間」を訪問し、両地域の特徴とその違いの描写を試みた。北京と深圳のいずれにも共通したのは、オープンなアクセスを通じた事業創造、発展政策の活用、インキュベーションを応援する社会

的風潮、発想の転換と次世代人材育成への注力が観察されたことであった。また、ハードウェアの層が厚い深圳では、エコシステムを構成する初心者からプロに至るまで各種のタイプが確認されたが、北京ではまず既存の中核となる資源がきっかけとなり、その後に諸資源と結びつきながらさまざまな展開を辿る事例が多く観察された。

その後、2020年にコロナ禍が人々を襲い、中国の「衆創空間」は急激な変化に見舞われた。この事態の詳細に関する論及は他日に委ねるよりないが、コロナ禍に至る以前の数年を振り返ることで若干の議論が可能であろう。中国ICT企業のビジネスモデル革新に関連する萌芽的現象がすでに表れ始めており、「新自由主義的経営実践のリセット」や「ポスト資本主義の経営」を語るうえで意義を有すると考えられる。2点ほど述べておきたい。

第1点として、ICT企業に対する規制が本格化する前の段階において、中国では経済格差の問題がずっと指摘されてきたことが挙げられる。「先富を認めつつ、その後どこかで共同富裕」という問題意識を持ちながら「いったい誰がいつのようにしてその切り替えに着手するのか」という議論の経緯について、振り返りが求められよう。「衆創空間」をめぐるムーブメントは、ユニコーン企業を育てる土台として先富の発想と親和性があるだけでなく、初心者にも夢を与えた点において共同富裕への道にも通じるところがある。

第2点として、モノづくりに関する中国的発想をどのように捉えるか、という問題がある。高須は「プロトタイプシティの時代」（高須ら、2020：19〜86頁）のなかで、ビジネスの中心がプロトタイプ型（非連続的価値創造）に移行していると指摘する。その流れとして、オープンソース・ソフトウエア、クラウドコンピューティング、スタートアップ・アクセラレータ、モバイルインターネット、IoT、メイカームーブメント、AIの7つがプロトタイプ駆動を主導してきたと述べる。ここで問題となるのは、この現象を必然的に中国で生じた特殊なものと捉えるか、世界的な流れの端緒と捉えるか、という点であろう。

以上の動向を踏まえ、木村（2019）による①「起業のためのエコシステ

ム」と②「ビジネス・エコシステム」の区別を援用すれば、前者が「衆創空間」の発展に関する議論と関連し、個別企業を中心とするミクロレベルの話題となるのに対し、後者がその結果として形成されつつあるビジネスパートナーや顧客との間の新しいルール作りの議論と関連し、マクロレベルの話題に対応していることがわかる。ルール作りのあり方を「儒法モデル」との対応で解釈すれば、形式知として共有可能なルールの執行が「法」、暗黙知としての合意が期待されるルール化の過程が「儒」に関連することから、オープンイノベーションの環境が浸透し、デジタル社会が広まりつつある今日になお一層、人々に納得される合意の形成が求められる状況が垣間見られよう。「衆創空間」概念の変容過程そのものに伴うルール作りのあり方のなかに「リセット」ないし「ポスト」の具体的内実が深く関わり、とりわけ「収益性」以上に「社会性」が問われる点が興味深いところである。経済・社会体制の移行というテーマは、国家や企業によるメンバーの統制に関わる議論であるが、高度な技術が進展するに従い、その統制理念よりもむしろルール決めに際してのリーダーシップのあり方が問われている点が、意外にも本稿が求めようとする帰結へのヒントに近いのではなかろうか。ステイクホルダー志向との関連でさらに深める必要があるだろう。

　このように「衆創空間」概念の変容と内実の拡大の背景を辿ると、ICT企業の新しいビジネスモデルの出現の裏に技術革新があり、これに伴って「創客空間」や「衆創空間」が生まれ、その中身が変化してきたことを窺い知ることができた。そこには激しいイノベーションと競争が横たわり、新しい形が追求されてきたことが垣間見える。これはある意味で「新自由主義」が前提になりつつ、資本主義的行動の新たな形が展開してきたと見ることも可能であろう。とはいえ、その激しさに対し、秩序ある世の中のあり方も問われており、「リセット」と「ポスト」の鍵がうっすら見え隠れする。その先にある「新しいルール」が確定しているわけではないが、その体制が必ずしも上からではなく、上と下との相互作用によって「新たな社会性」として形成されているのかもしれない。今後掘り下げていきたい。

6. おわりに

　最後に、本稿から得られた帰結のなかから3点ほど抽出し、今後の展望に繋げたい。

　第1点は、ICTやAI技術の発達に代表されるデジタル化が企業経営に与える影響である。中国で高度にデジタル化されたビジネス・プラットフォームの発展方向として新たなビジネス・エコシステムを構築しようとする動きが、米国を主導とする経済・社会のシステムに対峙する存在のように映ることに対する評価が問われている。ある意味、これは米国にとって脅威であろうが、同時に中国における既存勢力からも脅威に映っている。近年の中国政府によるプラットフォーム企業に対する数々の規制は、米中角逐の文脈だけでは読み解けない本質を有しており、その含意を深めることが求められる。

　第2点は、中国の経済・社会体制が、従来の資本主義陣営が想定する民間主導メカニズムによる運営に移行すると思いきや、国家という枠組みではむしろ統制的運営が強まっているように見える点である。思い返せば東アジア諸国・地域の多くが開発独裁に近い経験を持ち、弊害を抱えながら経済成長を遂げてきた。その一段階と見るのが至当なのか、あるいはまったく異なる原理に基づく現象と解釈するのがよいのか。米中角逐のなかで覇権をめぐる争いのごとく「民主主義vs専制主義」の対決のように図式化されがちな今日、じつはそのような説明では解釈しきれないメカニズムが内在していないだろうか。

　第3点は、上記の2つの点が、計画経済と市場経済を超えた体制転換の側面を照らし出す可能性である。今日の高度なデジタル化は、大量で広範囲の情報統制を可能とし、ある意味において、経済の計画的運営に影響を与えるようになっている。企業レベルは言うまでもなく、それが国家レベルや世界レベルに波及したとき、従来になかった新たな局面を人類に提示することが予想されるだろう。しかし、そこまで話を飛躍させるには及ばない。よりミクロなレベルで今日の現象を観察したとき、そこにこれまで

の中国史で幾度となく繰り返された統治と管理の思想に重なる側面があることに注目しておきたい。

　翻って見れば、社会主義の理念に近い考え方も、改革・開放の発想に近い考え方も、中国古典思想のなかにある種の同型性を持つ主張を見出すことができた。つまり、一見新しい現象のように映る今日の問題も、じつは長いスパンでみた中国の史的ダイナミズムの一環として説明できるのかもしれない。そのなかで、最新の中国式ビジネスモデル変革の現象が、古くから存在する中国的発想と連動し、しかもそれが中国の独特な性質ではなく、どこの国や地域でも生じうる事柄なのであれば、ことさら「中国の夢」と結び付けることなく一種の自然現象として応用可能性のある人類の経験となるのではないか。

　言い換えれば、巷間における米中間の勝ち負けの問題を離れ、客観的に今日のビジネスモデル革新を描くための概念装置を組み立てようとするとき、そこに貢献しうる構成要素が、一見古めかしい分析用具のなかに見出される可能性が潜んでいるように直感されるのである。中国の現象を西洋哲学の用語や「主要国共通の価値観」に翻訳せずとも、素直に読み解ける事柄が発見されるのではないか。この点を踏まえ、他日の議論へと備えたい。

注
1)　日本比較経営学会第41回全国大会（尚絅学院大学、2016年5月7日）と第42回全国大会（福岡大学、2017年5月13日）のワークショップにおいて、髙久保豊・長山宗広・王穎琳の3名で報告を行った中国のイノベーションに関する議論を念頭においている。具体的には、髙久保・長山・王（2017）、髙久保・長山・王（2018）を参照されたい。
2)　岸田政権の打ち出す「新しい資本主義」に対し、人類史の長期的傾向から透視しようと試みる批判的論考として、山田（2022）の第3章「『新しい資本主義』を新しくする―岸田ビジョンを超えて」（99 ～ 119頁）がある。ここにおいて著者は、岸田文雄により「『成長と分配の好循環』による新たな日本型資本主義―新自由主義からの転換」が自由民主党総裁選挙への立候補に当たってスローガンとして掲げられ、岸田内閣総理大臣施政方針演説（令和4年1月17日第208回国会）で「市場に依存し過ぎたことで、公平な分配が行われず生じた、格差や貧困の拡大。市場や競争の効率性を重視し過ぎたことによる、中長

期的投資の不足、そして持続可能性の喪失。行き過ぎた集中によって生じた、都市と地方の格差。自然に負荷をかけ過ぎたことによって深刻化した、気候変動問題。分厚い中間層の衰退がもたらした、健全な民主主義の危機」が乗り越えられるべき弊害として挙げられたことを紹介する（100 〜 101 頁）。これに続けて、レギュラシオン理論におけるフォーディズムの解釈に依拠すれば「成長と分配の好循環」は日本の高度成長期においてすでに経験済みであること、さらに政府部内から「金融所得課税優先せず」との見解が表明された時点で実行計画案ではこのビジョンが「骨抜きになってしまった」と評している（110 〜 114 頁）。

3) 「資本主義」という用語による位置づけとしては、ブレマー（2011）の「自由市場資本主義（Free-Market Capitalism）」と「国家資本主義（State Capitalism）」、ミラノヴィッチ（2021）の「リベラル能力資本主義（Liberal Meritocratic Capitalism）」と「政治的ないし権威主義的資本主義（State-led Political, or Authoritarian, Capitalism）」、加藤（2013）「『曖昧な制度』としての中国型資本主義」などがある。これに対し、中屋（2022）は中国国有企業に対する詳細な分析を通じた結果、「『党国家資本』に主導された経済」と表現するにとどめ、「党国家資本主義」という用語を使わない点で一線を画する。

4) ビジネス書の題目等として散見される表現であるが、本稿では事例の列挙を省略する。

5) バイデン大統領は2021年3月25日の記者会見で中国を念頭に「専制主義（Autocracy）」と「民主主義（Democracy）」を持ち出している（米国ホワイトハウス、2021-03-25）。近年の米中角逐について、卫娉（2022）は技術摩擦の問題として捉え、分析を進めている。

6) 第1点と第2点は、髙久保（2016）、髙久保（2017）、髙久保（2021）での議論がベースとなっている。第3点は、前述の髙久保・長山・王（2017）、髙久保・長山・王（2018）のほか、髙久保（2019）、王（2020）で描かれた状況を中心に考察を加えていく。

7) 横井（2022）は中華人民共和国建国後の2つの歴史時期として「計画経済期」と「改革開放期」に大別し、さらに2000年以降を「さらなる成長と発展を実現した」と表現する。

8) 「孔子曰く、大道の行わるるや、天下を公と為す」などの発想がこれに該当する。

9) 注5で述べたように、巷間ではいわゆる民主化が進行しない国家を念頭に「民主主義vs専制主義」の図式で解釈する論法が散見される。しかし、内藤湖南の唐宋変革論を想起するまでもなく、中国における統治の方式は、かなり長い間、議論されてきたテーマであり、歴史学や政治学の知見を再吟味しながら経済・社会体制の検討をすることが求められよう。

10）コンピュータや科学に関心を持つ人々が集まり、3Dプリンター等の設備や
ネットを利用し、お互いに情報を交換しながら、何かを築き上げ、何かを創り
出す空間を指すもの。

※　本稿は、髙久保（2021）をベースに、髙久保（2016）、髙久保（2017）、髙久
保（2019）の各論考の一部を再構成しつつ、新たに1つの論考として考察を加
えたものである。

参考文献・ウェブサイト

中兼和津次（2002）『経済発展と体制移行』名古屋大学出版会。

溝口雄三（2004）『中国の衝撃』東京大学出版会。

ブレマー，I.（2011）『自由主義の終焉―国家資本主義とどう闘うか』（有賀裕子訳）
日本経済新聞出版社（原著：Bremmer, Ian（2010）*The End of the Free Market : Who
Wins the War Between States and Corporations?*, Portfolio）。

根来龍之・浜屋敏（2012）「ビジネスモデル・イノベーション競争：ビジネスモデ
ルの多様な展開事例」（野中郁次郎，徳岡晃一郎編著『ビジネスモデル・イノ
ベーション：知を価値に転換する賢慮の戦略論』東洋経済新報社）。

オスターワルダー，A. & ピニュール，Y.（小山龍介訳）（2012）『ビジネスモデル・
ジェネレーション：ビジネスモデル設計書』翔泳社（原著：Osterwalder, A. & Y.
Pigneur（2010）*Business Model Generation*, John Wiley & Sons. 中国語訳：A・奥斯
特瓦徳，Y・皮尼厄（王帥，毛心宇，厳威訳）（2011）『商業模式新生代』機械工
業出版社）。

厲以寧（2013）『中国経済双重転型之路』中国人民大学出版社。

丸川知雄（2013）『現代中国経済』有斐閣。

加藤弘之（2013）『「曖昧な制度」としての中国型資本主義』NTT出版。

加藤弘之・渡邉真理子・大橋英夫（2013）『21世紀の中国　経済篇：国家資本主義
の光と影』朝日新聞出版。

丸川知雄・梶谷懐（2015）『超大国・中国のゆくえ4：経済大国化の軋みとインパク
ト』東京大学出版会。

梶谷懐（2015）『日本と中国、「脱近代」の誘惑：アジア的なものを再考する』太田
出版。

張継紅主編（2016）『衆創空間：互聯網思維下的創新創業昇級版』北京科学技術出
版社。

金堅敏（2016）「中国の新たなイノベーション戦略を支える『大衆創業・万衆創新』
政策の展開」『日中経協ジャーナル』12月号（No.275），6〜9頁。

髙久保豊（2016）「中国のビジネスモデル転換に関する一考察：二重移行論との関
連」（『商学集志』第86巻第2号、日本大学商学部、2016年、103〜120頁。https://
www.bus.nihon-u. ac.jp/wp-content/themes/nichidai/assets/img/unique/laboratory/kiyo/

TakakuboYutaka86-2.pdf、2022年4月10日最終閲覧）。

李素英・呉永立（2017）『科技型中小企業創新創業環境及政策支持体系研究』立信会計出版社。

髙久保豊（2017）「中国：新たな重層構造を読み解く」（中川涼司・髙久保豊編著『現代アジアの企業経営：多様化するビジネスモデルの実態』ミネルヴァ書房、2017年、66 〜 87頁）。

髙久保豊・長山宗広・王穎琳（2017）「次世代中国のビジネスモデルとイノベーションへの示唆」（日本比較経営学会『比較経営研究第41号：原発問題と市民社会の論理』文理閣、64 〜 72頁）。

髙久保豊・長山宗広・王穎琳（2018）「中国のビジネスモデル・イノベーション」（日本比較経営学会編『比較経営研究第42号：市場経済と市民社会の共生を求めて』文理閣、52 〜 59頁）。

李智慧（2018）『チャイナ・イノベーション：データを制する者は世界を制する』日経BP社。

髙久保豊（2019）「中国における衆創空間の発展とその背景：北京と深圳の比較を中心にして」（『商学集志』第88巻第4号、2019年3月、163-178頁。https://www.bus.nihon- u.ac.jp/wp-content/themes/nichidai/assets/img/unique/laboratory/kiyo/88-4_TakakuboYutaka.pdf、2022年4月10日最終閲覧）。

木村公一朗編（2019）『東アジアのイノベーション：企業成長を支え、起業を生む＜エコシステム＞』作品社。

岡野寿彦（2020）『中国デジタル・イノベーション：ネット飽和時代の競争地図』日本経済新聞出版。

高須正和・高口康太編著、澤田翔・藤岡淳一・伊藤亜聖・山形浩生著（2020）『プロトタイプシティ　深圳と世界的イノベーション』KADOKAWA。

王穎琳（2020）「中国における『衆創空間』の発展—厦門市を事例に—」（『駒澤大学経済学論集』第52巻第1・2合併号、19 〜 33頁）。

全洪霞・髙久保豊（2020）「中国のビジネスモデルと『社会性』—ファーウェイの事例からの示唆—」（『日中経協ジャーナル』2020年10月号（通巻321号）、日中経済協会、14 〜 17頁）。

髙久保豊（2021）「中国企業を取り巻く経済・社会体制の移行をどう捉えるか：米中角逐時代のビジネスモデル革新を念頭に」（『商学研究』第37号、日本大学商学部商学研究所・日本大学商学部会計学研究所・日本大学商学部情報科学研 究 所、43 〜 58頁。https://www.bus.nihon-u.ac.jp/wp-content/uploads/2021/10/37_TakakuboYutaka.pdf、2022年4月10日最終閲覧）。

ミラノヴィッチ，B.（2021）『資本主義だけ残った—世界を制するシステムの未来』（西川美樹訳）みすず書房（原著：Milanovic, B.（2019）*Capitalism, Alone: The Future of the System That Rules the World*, Harvard University Press）。

山形浩生・八田真行・伊藤亜聖・牧兼充・梶谷懐・高須正和（2022-03-15）「中国の
オープンソースムーブメント：その現状と可能性」（オンラインイベント、神戸
大学現代中国研究拠点主催）。

The White House（2021-03-25）"Remarks by President Biden in Press Conference"（https://
www.whitehouse.gov/briefing-room/speeches-remarks/2021/03/25/remarks-by-president-
biden-in-press-conference/, 2022年12月25日最終閲覧）。

山田鋭夫（2022）『ウェルビーイングの経済』藤原書店。

横井和彦（2022）「現代中国の経済と社会の歩み」（竇少杰・横井和彦編著（2022）
『現代中国の経済と社会』中央経済社、第1章、1 ～ 23頁）。

卫娣（2022）「中国の技術移転政策と知的財産権問題」（竇少杰・横井和彦編著
（2022）『現代中国の経済と社会』中央経済社、第6章、149 ～ 176頁）。

中屋信彦（2022）『中国国有企業の政治経済学―改革と持続』名古屋大学出版会。

（たかくぼ　ゆたか／日本大学）

イスラーム諸国における
営利・非営利のハイブリッド経営

櫻　井　秀　子

1.　はじめに

　ポスト資本主義としてのイスラーム経済・経営を論じるにあたり、まず資本主義の本質について考えてみたい。資本主義システムは、歴史的にみて「利益をあげるためならば手段を選ばず」であり、さらに分配に関しても「能力ある者の権利としてその利益が分配されるべきで、それが公正さの証」というのが基本といえよう。大航海時代以降、植民地政策のもと展開した略奪・搾取・奴隷的労働による資本の本源的蓄積、その後の囲い込みによる生産手段の独占、そこから得る利益の独占と蓄積。資本主義は、この循環プロセスを経て強靭なシステムを構築し、その本質はいまだ変化せず現在に続いている（ハーヴェイ 2017；ウィリアムズ 2020）。またヨーロッパは世界の経済システムへの接続が遅れていたために（フランク 2000：川勝 2012）、ひたすら富の蓄積に向かって邁進した。このような状況下における経済システムは、資本と経済効率の論理が最優先されるため、人間の〈生〉や〈生活〉の重みを切り離して自動稼働が可能なように設計されており、人々の命についても経済効率による選別が行われる。

　今日の新自由主義政策に至るまで、資本主義が自然や植民地、労働者を、「略奪する外部」として、国内外を問わずつねに従えてきた事例は尽きない。資本主義システムは、自己の〈生〉のために他者の〈生〉を外部化し略奪の対象とするため、他者の〈生〉あっての自己の〈生〉という、共存在関係にもとづいて経済を機能させることはない。つまり、公正に利益を上げて、社会にも個人にも公正な分配を行うことが、ひいては自己保

全にもつながるという回路はない。よって、いまさらコンプライアンスや
倫理的経済と掲げたところで、その倫理は外在的で「べき論」にとどまっ
たり、倫理的であることを商品差別化の一助として新たな利益追求の手段
へと転化させたりする。資本主義は、自らの宿主である身体もろともに滅
びるがん細胞に例えられることが多々あるが、そのシステムは利益（生）
のみを受入れ、損失（死）を受け入れず、損失を受け入れる時はすべての
存在を消滅させるように組まれている。佐伯啓思（2020）は、このように
価値体系が崩壊し無限増殖が目的化した資本主義を「ニヒリズム資本主
義」と呼んでいる。

　他方、存在と経済が不可分の社会では、経済のシステムは血管のごと
く社会の内部に張り巡らされ、共同体におけるあらゆる存在者を連携さ
せ、社会（身体）全体に財貨を行きわたらせるように設計されている。こ
れは本稿にて取り上げるイスラーム社会に限らず、前近代的と揶揄されて
いる社会一般に共通である。そこで追求されたのは、共存在価値の実現で
ある。だが、資本主義システムは財貨の増殖の効率という観点から、この
ような有機的なつながりを基盤とする共存在を非効率とみなし解体を進め
た。それはまさに身体内に埋め込まれた血管に替えて人工の管を外部に設
置するがごとく、経済を社会から切り離し、効率よく財貨のみを循環させ
るシステムである。そこでは、身体（共同体社会）から血管（経済システ
ム）が引きはがされ、血管を主体とする新たな経済合理主義の社会を創り
上げたようなものである。その結果、今度は、もともとの共同体社会が外
部化されるという逆転の関係が築かれた。ただしこのシステムは、身体の
あるところから過剰に養分を吸収（略奪）する一方、そこから新たに生み
出した栄養は身体に還元せず、コーポレーションなどの外部器官に蓄え
る。このように閉じた社会経済システムが経済効率の追求に特化した結
果、コストは外部化され、まったく顧慮されることなく累積し続け、いま
や社会全体に大きなひずみをもたらしている。極端な格差、環境汚染、紛
争・戦争などはその代表格であろう。

　また〈生〉、〈存在〉を切り離すという意味では、身体性、実体性、個別
有限性を観念的に消去し、無きものとする。そのあらわれとしては、利子

生み資本の自己増殖の結果としてのバブル経済や、その非実体的な利益の蓄積主体としてのコーポレーションの創造、あるいはブルシット・ジョブ（グレーバー 2020）のような非身体的、非本質的なビジネスによる利潤の創出や資本の増殖などがあげられる。利子に代表される時間の売買による利益や、仮想経済の拡大と実体化とともに、略奪する外部は拡大する一途である。世界規模での生産・流通におけるグローバル・サウスや、身近な生活領域におけるエッセンシャル・ワーカーは、資本主義によって略奪する外部として、継続的に維持・拡大されるのである。

　このように存在から切り離され、倫理が外在的である経済システムは、中正、中道が欠如している。それは調和・均衡の欠如、あるいは多様性の欠如によっても特徴づけられる。中正を目指し、調和と均衡を保つためには複数の要素がなければならないが、自己の〈生〉のために他者の〈生〉を外部化し略奪する経済システムでは、強者の論理、性質、制度、方法によって一元化される傾向がある。ソ連崩壊後、資本主義一極体制となると、それはますます顕著となった。その事例をあげれば、質の数量化、財貨のフローのせき止めとストック化、非営利領域の営利化、自然を含む公共財の市場化、戦争の商品化、社会的連帯の分断による個人の孤立と自己責任論などと、枚挙に暇はない。この結果、資本主義社会では、生きるに欠かすことのできない資源、富、平和が、市場交換によって激しく侵食されていったのである。

　人間が生きていくための経済システムであったはずが、客観的な科学性の探究のもと、人間の生と切り離されたばかりでなく、そのシステムの維持のために人間の生が費やされるのが現状である。生命学者の清水博（2016）は、近代科学は様々な現象の法則性を客観的に明らかにすることを目的とする「現象の科学」であるのに対し、現象に優先して存在があることを事実として認め、主体性を問題に入れて分析をする手法を「存在の科学」と呼んでいる。ポスト資本主義のグランドデザインには、まさにこの現象から存在へという観点への転換は重要であり、経営学に関してもこの観点は不可欠である。

　したがって本稿においては、イスラーム社会において現象として認識可

能な営利と非営利のハイブリッド経営の事例を検討するとともに、それを可能にしている存在との関係についても言及する。イスラームにおいては、神の所有する資産を預かって運用する信者という関係があるが、それは生を神から授かったことから発している。「神の所有なんて建前」と切り捨てるのは容易だが、資産の運用を自己存在のあり方としてとらえ、そこから経営に取り組む人々がいるという現実を、まず認めることが重要である。さらに、そのような観点を喪失している社会については、外部性をいつ、どのように失ったかを追究し、生きていくための経済システムの構築には何が必要であるかを、あらためて考えることが求められている。

2. イスラームの経済・経営システム
―営利と非営利のハイブリッド―

　最近では、国家からの自立・自律する共同体や、国家ではなく人々が築き維持・運営する公共という意味でのアナキズムが議論されている（スコット 2021; 松村 2021）。その背景には、国民国家とその経済システムは、もはや人々を保護するためではなく、それ自体の存続のために人々の存在を使い捨てたり破壊したりする本性が再認識されていることがある。よって人々は、自らの存在基盤を保護、再建するために、国民国家から自由で自律的な共同体を構築する方向を模索している。そこで鍵となるのが「贈与」であり、贈与論再考はブームにも近い勢いを見せている。行き過ぎた市場交換の現状に対し、贈与的、互酬的な関係の再構築を目指すことは重要だが、それを強調するあまり、交換と贈与を二項対立的にとらえる傾向もある。しかし問題は二者択一ではなく、交換と贈与の連携のあり方である。

　この点において、イスラーム経済・経営システムは、おおいに参考になる。上述したようにヨーロッパは遅れて世界の経済システムに接続され、市場交換を社会に導入することも遅れていたために、封建制からの脱却に代表されるように共同体における贈与性をできうるかぎり市場交換に置き換える方向に進んだ。そこでは東方の経済へのキャッチアップのためには、市場交換と共同体的贈与のバランスを整える間などなく、ラテンアメ

リカやその他の植民地から略奪した財貨を、市場のエンジン燃料としてひたすら投入していったのである。他方、イスラームは、西暦622年を共同体の元年とするが、その啓示は610年ごろから砂漠のメッカに下されていた。その時点ですでに、ノマド的な動性の中、市場交換を基礎とする商業が成立しており、市場交換は生活に根づいていた。イスラームは、市場交換に新たな意味づけを付与すると同時に、共同体的贈与とのバランスを公益の実現として説き、現世的利益と来世的利益のバランスをはかりながら商売を行う方法を、シャリーア（イスラーム法）として具体的に示し、その版図を拡大したのである。

　イスラームにおいては、交換と贈与の中道をきわめることが倫理的であり、公正の証である。どちらに偏重しても、そのシステムが人々に対して抑圧的に機能することは様々な歴史的事例が物語っている。よって交換と贈与のハイブリッドがイスラーム経済・経営の基本であり、これは「営利と非営利のハイブリッド経営」にみてとれる。営利事業と非営利事業を交差・循環させるハイブリッド経営は、イスラーム的経営の根幹をなすことから、その実現のため、イスラーム諸国においては、過去20年間においてワクフ制度を中心としたハイブリッド経営の現代的設計と実践が、シャリーア・コンプライアンスの観点から重要課題となっている。

　イスラーム経営においては、経済的利益と社会的利益がそれぞれに分離されて二項対立的、相反関係にあってはならない。経済的利益は社会的利益の増大のための一つのプロセスであって、あくまでも社会に内在的で埋め込まれたものである。このようなハイブリッド経営は、企業内経営にとどまるものではなく、営利・非営利の事業を通じて有形無形のつながりを社会の中に構築し、事業の存続が公益の実現とコミュニティの存続の原動力となってはじめて、その本領を発揮する。したがって、ハイブリッド経営は、企業と共同体の協働によって共存在価値を創造することを可能とする。

3. ワクフの経済

　イスラーム諸国においては信仰と強く結びついた「寄進・喜捨の経済」が息づいている。聖典クルアーンには「アッラーの道のために、自分の財産を施し、その後、かれらの施した相手に負担侮辱の念を起こさせず、また損なわない者、これらの者に対する報奨は、主の御許にある。かれらには、恐れも憂いもないであろう」[2：262] の他、喜捨に関する聖句は多い。「連綿として途絶えることのない喜捨」はイスラーム信仰の基本であり、五行の一つのザカート（喜捨）をはじめ、サダカ（自由意志にもとづく喜捨）、ワクフ（寄進）、カルド・ハサン（無利子小口金融）への預金がある。施しに対する報奨とは、来世において神の側近くにあること、すなわち天国を指すが、来世を信じることはイスラームの六信のうちの一つである。来世における生を信じて現世を生きるムスリムは、現世における蓄財ではなく、地道な喜捨を選択する。これは心がけるというよりも、生きる技法として呼吸をするがごとく身体に組み込まれているといえる。これは結果として社会的にトリクル・ダウン効果をもたらすこととなる。

　7世紀初頭のイスラーム勃興以来、信者によって喜捨や寄進がなされていたが、不動産の寄進がワクフとして他の喜捨と区別されシャリーアの体系に収められたのは、イスラーム暦3世紀ごろ／西暦9世紀ごろである（Hennigan 2004）。ワクフの概念を確定させた際の法的定義では、「永遠性」がその中心にすえられている。その原義には、「停止する」、「とどめる」という意味があり、ワクフされたものは「譲渡不可能で通常取引から隔離され、神聖かつ不可侵のもの」となる。このような定義により、寄進されたワクフ施設はイスラーム共同体における公益の永続的な実現を具体的に提示する場と位置づけられる。

　寄進された不動産の所有権は神に譲渡される一方、寄進者はそのワクフがイスラーム共同体の公益のために用いられるように使用目的を定め、管財人を指名し、その受益者を指定する。受益者の観点からワクフを大別すると、受益者が困窮者、孤児、寡婦、病人、旅行者等、援助を必要とする

人一般に広く開かれた慈善ワクフと、家族・親族に限られる家族ワクフがあるが、本論で検討するワクフは前者である。

　慈善ワクフにおける基本パターンにおいては、まず土地が寄進され、それが農地や商業用地として用いられ、そこからの利益が慈善・福祉・公共事業に回されると同時に、営利事業に投資されるなどして循環していく。寄進財は、モスク、病院、学校、図書館など社会・公共性の高い不動産とその施設で使用される絨毯や書籍といった備品、他方では、商業用地、農地、駐車場、倉庫、事務所、ホテルなど営利性の高い不動産というように、非営利、営利の双方によって構成される。

　伝統的に寄進された土地の大半を占めたのは耕作地であった。現在のイスラーム諸国においては、耕作地の3分の1、あるいはそれ以上がワクフ地である国もある。さらにある試算によれば、ワクフ資産の大部分は不動産であり、それはワクフ全体の70％〜80％に相当するという（World Bank Group 2019）。不動産以外では、現金ワクフがあり、それは9世紀ごろには法学の議論の対象となっているが、流動性の高い現金ワクフは、激しい法的論争を引き起こした（Çizakca 2000）。16世紀後半のオスマン・トルコ帝国では、法学者たちによってシャリーアに照らして合法のものと位置づけられる。その他のアラブをはじめとするイスラーム圏において、現金ワクフが合法化されるのは、20世紀以降、国民国家体制のもとにおいてである。厳密にはイスラーム法学派によってその解釈が異なっているが、現在では現金ワクフを合法的とみなすのが一般的である。

　イスラームにおいては、喜捨行為を誇示すると、その喜捨は善行とはみなされないので、その総額の把握は困難であるが、ワクフについては設立趣意書が作成されることから、その評価額を概算することは可能である。2019年の世界銀行のレポートによると、2014年のワクフ資産の総額は、1千億USドルから1兆USドルと見積もられ、その資産の潜在的価値は高く、さらなる上昇が見込まれるという。また現金ワクフは、350億USドルと推定されている（World Bank Group 2019）。

　ワクフされた施設は、イスラーム社会の共同体的基盤を形成してきたが、植民地政策においてはこのように人々の連帯の要となるワクフ制度

は、統治の障害でしかなく、宗主国によって積極的に排除される対象となった。植民地からの独立以降は、ワクフ資産は新生の国家に抗する共同体の資金源となり、近代国家の統治の確立においては阻害要因とみなされた。たとえばイランにおいては、1960年中葉以降、パフラヴィー王朝下においてはワクフ資産である土地が払下げられ私有化されたが、それは経済的効率ばかりでなく、ワクフを管理するイスラーム宗教指導者たちの政治力や独立性を低下させる狙いもあった（Çizakca 2000）。

　また近代化が進展するにつれて人々の心性も、ワクフ離れを起こしていく（Baqutayan 2018）。その結果、ワクフは時代に即した制度設計がなされぬまま放置され、停滞の元凶、経済的発展の阻害要因とまでみなされた（Kuran 2011）。しかし、現状においては新自由主義的な経済発展が行き詰まり、経済格差、教育格差、医療格差など、シャリーア・コンプライアンスの観点から公正ではない状況が、以前にもまして顕著になると、社会・経済的弱者となった人々を包摂し公益を実現するための経済システムを構築するため、現代に適応可能なワクフ制度の設計が模索されるようになった。20世紀初頭には、それは株式ワクフへと展開し、21世紀にはコーポレート・ワクフ、投資型ワクフ銀行の設計へとつながっている。

4.　国家を超える共同体所有としての公有

　イスラームにおいては、神の創造世界のあらゆるものについて所有権を有するのは神のみであり、厳密な意味では人間は所有権を有さない。人間は神によって地上の管理を委任されていることから、地上の経営のために財を公正に使用する限りにおいてのみ、所有することが許される。その所有形態としては、国有、公有、私有である。いずれの場合も、その所有物を有効に使用せずに放置、蓄積したり、あるいは社会の公益に反したり、社会に対して抑圧的な用途に使用した場合には、その所有は無効となる。また利益に対する所有権を主張できるのは、その利益が直接的で実体的な労働にもとづいて得られたものであることが大前提である。イスラームといえば、利子を禁止していることで有名だが、利子は直接的な労働から生

じたものではなく非実体的な不労所得なので、禁止されているのである。

　所有形態の中でイスラームの特性をあらわしているのが、公有である。近代国民国家システムにおいても公有はあるが、それはあくまで国家の枠組の中でのことであり、イスラームの場合は、国家から自立し国家を超えて所有する公有である。ここでは国家が「公」を抑え込むのではなく、むしろ「公」が国家を包摂する関係にあり、イスラーム共同体がそれに当たり、そこでは公的領域が国家や個人の壁を超えることが可能である。

　このような公有を実体化しているのが、先にふれたワクフ施設である。具体的なワクフ施設としては、モスクや、それに付設の学校、図書館、墓地、バザールや集合住宅の建設用地、病院、共同浴場、水場などがある。それらは人々が集う場であり、生活を支える地域共同体を国家や個人の囲い込みから保護している。ある耕作地をワクフすると、そこからの収益は、共同体の自立・自律的な運営資金となる。同様にワクフされたバザールの収益がモスクや病院の運営費、マドラサ（イスラーム学舎）の運営費の他、そこの学生の奨学金に充当されたりする。また病院や水場などのワクフ施設の利用は、ムスリムに限定されるものではなく、異教徒、異民族にも開かれている。元来ワクフには国境はないので、ワクフを中心とする地域共同体の空間が重なり合い、人々がそこを自由に行き交うことで、国家を包摂する連続的、重層的なワクフ空間がイスラーム共同体のインフラとなる。ただし現在ワクフ資産と施設の管理は、国家によって行われるのが一般的であり、これが国民国家体制におけるワクフの限界ともなっている。だがワクフ施設からの収益については、他国のワクフ施設などに寄付されることもある。

　このようにワクフされた施設は、売買の対象とはならない非流動的な資産として、共同体の中に錨をしっかりとおろしている。神に寄進されたワクフ施設は市場交換してはならないので、それは経済が社会から遊離すること、つまり冒頭で述べた資本主義社会で起こったような、社会へ養分を運ぶ経済システム（血管）が社会（身体）からはがされ外部化されることを防いでいる。

5. 現代ワクフの事例

　上述したとおり、ワクフ資産は不動産を中心に構成されるが、時代が変遷する中、当初の目的以外に転用できないワクフ資産は、一方では近代化の足枷となり、他方では、イスラーム共同体内でも有効活用されないままの状態が長く続くこととなる。しかしこのような状況は、1980年代のイスラーム回帰の潮流を受けて、1990年代以降、ワクフの現代的な制度設計の試みへと転換していく。以下では、現代ワクフの事例を3つあげてワクフ改革を説明する。（1）は、伝統的ワクフとしてすでにワクフ資産が形成されている事例であり、（2）と（3）は、ワクフ資産を形成するためにコーポレート・ワクフやワクフ銀行を設立することから始まる事例である。それぞれ原資の形成過程に相違はあるが、いずれも公益のために営利と非営利のハイブリッド経営を行っている点において共通である。

（1）AQR（イラン）

　イラン・イスラーム共和国のマシュハドにあるイマーム・レザー聖廟のワクフ（Astan Quds Razavi、以下AQR）は、不動産からなる伝統的ワクフの代表格だが、現在では宗教施設、学術・文化施設、ワクフ投資企業群からなるコングロマリットを形成している。AQRの中心には12イマーム・シーア派の第8代目の指導者、イマーム・レザー（818年没）の聖廟がある。サファヴィー朝（1501-1736）までは、破壊と再建を繰り返したが、王朝の拡大と安定にともない、AQRは聖廟を中心とする複合施設へと発展し現在に至っている（Mohsin et al. 2016; Nouraei et al. 2013）

　現在では世界第2位の巡礼地となり、毎年3千万人の巡礼者を受け入れている（Mohsin et al. 2016）。1979年の革命後、AQRは最高指導者の管轄下におかれ、前政権の時代に政府に没収されたり個人に払下げられた資産の回復に努める一方、寄進された商業施設や農地の生産性の向上を目指した。AQRはワクフ施設から得た利益をファンド化し、それを合資会社へと出資することにより事業を拡大した。合資会社に対する出資について

は、1907年にすでに、カルバラーのムジュタヒド、シェイフ・アブダッラー・アル＝マーザンダラーニーによって発布された法令（ファトワー）によってシャリーアに照らして合法とみなされていた（Çizakca 2000）。

　1990年代末には、営利を追求する商業・産業関連への投資を強化し、完全子会社は89社にのぼり、土木・建設、金融、農業・畜産、食品・医薬品、製造業・鉱業、自動車、エネルギー、情報技術の分野をワクフの対象とした。AQRは、資産価値は150億USドル、全体の従業員は約1万9千人という大規模ワクフへと飛躍的に発展した。AQRはその設立の趣意にもとづいて、巡礼者の受け入れ、宗教施設の維持・整備、学術・文化・研究活動の活性化、困窮者支援をその事業の中心にすえ、大学や各種研究所、図書館、博物館、さらにメディカル・センターを有し、その総面積は2億平方メートルに及ぶ（Mohsin et al. 2016）。

　AQRのリポートによれば、営利事業の利益の70％を巡礼関連、学術・文化・研究、および困窮者支援の非営利事業に回し、残りの30％を再投資しているという（Mohsin et al. 2016）。このようにワクフは、営利事業と非営利事業を交差・循環させ、経済的利益を社会的利益へと転換させる場となっており、一度でも訪問すればそれを体感せずにはいられない。ただし、現在のイランにおいては、AQRのように国家が主導する大規模なワクフはきわめて政治化された問題となっており、とりわけ利益分配のあり方については、現政権の支持・不支持によってその評価が大きく異なるのも事実である。また私的部門の中小零細企業の市場を圧迫するとの批判もある。ちなみに2021年に大統領に選出されたライーシー師は、2016年から2019年までAQRの監督者を務めた。

（2）　WANCorp（マレーシア）

　マレーシアでは、新たにコーポレート・ワクフを設計し、ワクフを基軸としたハイブリッド経営の再生を図っている。2005年にジョホール・コーポレーション（Johor Corporation、以下JCorp）は、ワカファ＝ン＝ヌール（Kumpulan Waqaf An-Nur Berhad、以下WANCorp）を設立し、それはコーポレート・ワクフのパイオニア的存在として評価が高い（Mohsin et al.

2016; Thaker 2015; Hassan 2021）。ワクフのイノベーションといわれるコーポレート・ワクフは、その持ち株を永久に慈善ワクフに譲渡することによって成立する。

　JCorpの前身は、1968年に公的資金によって設立されたジョホール州経済発展機構（Johor State Economic Development Corporation: JSEDC）であり、1995年にJCorpに社名を変更した。JCorpの傘下企業は、農産物・パーム油、医療、食品、インフラ・不動産、観光、石油・ガスなどの分野で事業を展開している。JCorpは2000年からグループ企業であるKPJを通じて医療分野を手がけ、2005年には、傘下企業でメッカ巡礼の渡航手配を専門に行うティラム・トラベル（Tiram Travel Sdn Bhd）の株式の75％を譲渡し、株式によってワクフを構成するWANCorpを設立した（Saad 2016）。WANCorpは、シャリーア・コンプライアンスのもとJCorpの傘下企業から寄贈された資産や株式を管理し、そこから受けた分配金を公益に資する慈善・福祉事業に投入する。

　2006年にはJCorpは、傘下のKulim（パーム油）の1,235万株、KPJ（医療）の1,860万株、JLand（不動産・インフラ）の430万株をWANCorpに譲渡した。この3社はいずれも上場企業である。そして2009年には、ジョホール・イスラーム宗教評議会は、WANCorpをJCorpから譲渡されるワクフ資産の特別受託者に指名することに同意した。イスラーム宗教評議会がイスラームの文脈に沿って受託者指名に同意したことは、企業が譲渡した株式の寄付の総体を、シャリーアに則したワクフとして認めたことも含意されている。

　WANCorpが得た分配金の70％はJCorpによって再投資に回され、25％は「アッラーの道のための基金（Fisabilillah）」としてWANCorpに、5％は州の宗務局に収められる。2020年には、基金の75.2％が慈善・福祉事業に、7.8％が人材育成、および教育に、17％が特別プロジェクトに当てられている。主な慈善・福祉事業は、コミュニティの核となり教育施設でもあるモスクの経営、病院・クリニック経営、カルド・ハサン（無利子マイクロ・ファイナンス）事業、災害救援事業である。

　現在進行形ともいえるJCorpによるコーポレート・ワクフであるが、そ

の基本スキームは以下のとおりである（Pitchay et al. 2018）。

①公的機関であれ私的企業であれ、慈善・福祉事業のためのコーポレート・ワクフを設立した親企業は、受託者として連携するワクフを設立する。

②コーポレート・ワクフの設立者である親企業は、傘下のすべての企業に対し、その利益や配当の一部をコーポレート・ワクフに定期的に寄付するように働きかける。他方、個人や他の企業や団体は、現金の寄付を連携ワクフに行うことができる。

③受託者として連携ワクフは、様々な寄付者からの現金ワクフを管理し投資する。

④収益は運営費を差し引いた後、指定の諸プロジェクトへ分配される。

2019年には、プログラムの拡張がなされた。具体的には、イスラーム金融機関からの投資、個人の遺贈の受入れ、クリニック経営、環境保護などを目的とし利益は増加したが、その後のCovid-19 の影響で減少した（Waqaf an-Nur Corporation 2020）。2020年には、Covid-19 救援基金を打ち立て、医療、雇用の支援などを行い、パンデミック救援のため、410万リンギット（≒1億円）を拠出している（Waqaf an-Nur Corporation 2021）。ワクフと医療とは歴史的に関係が深く、本事例のマレーシアに限らず、イスラーム諸国においては、Covid-19 拡大にともなう医療の緊急支援にワクフが積極的な役割を果たしている。

（3）UWEM（グローバル展開）

これは投資型ワクフであり、マレーシアのビジネスマンであるダト・アブー・ウバイダ・ケミン（Dato Abu Ubaidah Kemin）が構想し、2015年にジョホール州において実践を開始したワクフ経済モデル（The Ubaid Waqf Economy Model、以下UWEM）である。このワクフは上述の2つの事例と異なり、国家を超えてグローバル展開し、イスラーム共同体（ウンマ）の公的所有を目指す点は、イスラーム本来のワクフのあり方に近いといえる。

UWEMは投資の利益を明確な配分比率を提示してビジネスの中に組み

込み、ワクフされた利益を再投資にも回すことにより、ワクフを一過性に終わらせることがない。これは現金ワクフの一種である。形態としては、トラスト・ファンドと近似しているが、その原資は寄付、喜捨であり、目的は公益、福祉である。イスラーム・ビジネスにおけるコンプライアンスは、シャリーア（イスラーム法）に準拠することから、利子を禁じているイスラームにおいては、有利子の資金を借り入れて事業展開をすることはできない。イスラームでは利子を回避して利益を公正に配分する代表的な契約として、ムダーラバとムシャーラカいう方法があり（櫻井 2008）、UWEMはその契約にもとづいてビジネスを展開する（Cambridge 2021）。紙幅の関係上、ここではムダーラバを起点とするUWEMについて説明する。

　ムダーラバにおいては、経営にかかわらない出資者とビジネスに専従する事業者が契約を交わす。出資者は個人、企業、イスラーム銀行などで、その契約は、損益公正配分（PLS: Profit-Loss Sharing）にもとづく。PLSの骨子を説明すると、ビジネスから利益が生じた場合には、出資者と事業者の間であらかじめ取り決めた配分比率によって利益を分ける一方、損失が生じた場合には、それを引き受けるのは出資者であり、事業者にその必要はない。事業者は労働対価を得ていないことによって、損失に対する責務を果たしたとみなされる。もちろん放漫経営や契約違反、詐欺によって損失が生じた場合は事業者の責任となる。イスラームにおいては、ビジネスは対等なパートナーシップによってなされるものであり、出資者もビジネスの損益にまで直接責任を負わなければならない。

　UWEMにおいては、利益の一部をワクフすることがあらかじめ出資者と事業者の間で取り決められ、両者によるワクフへの寄贈分は利益の10％、出資者の取り分は60％、事業者は30％であり、毎年配分が行われる。ワクフされた10％の内訳については、その30％はワクフの受益者、10％はマイクロ・ファイナンス、10％は準備金、10％は運営費、40％は再投資に当てられる。「ワクフの受益者」とは、上述の事例同様、困窮者、病人、孤児、学生などを指し、支援を必要としている人々に広く開かれている。イスラームにおける「マイクロ・ファイナンス」は、カルド・ハサン（美徳の貸付）といわれる伝統的な無利子の小口金融がその原点にある

が、イスラーム社会においては、零細な自営業者も市場に参入できるように無利子で貸付を行う。その結果、市場自体も大資本が統制・独占するのではなく、零細資本も自立的に参入できる余地をもたせることが可能となる。「準備金」は、そのうちの40％を賃貸用の不動産で保有、同40％を現金・株式、残りの20％を金で保有する。「運営費」は、ワクフ管理者やシャリーア委員会への支払いに当てられる。

　「再投資」については、第1段階の契約と同じくムダーラバ契約によって行われるが、第1段階と異なるのは、出資主体が個人や企業ではなく、神の所有するワクフという点である。よって再投資から得られた利益について、その10％をワクフへ、その30％を事業者へという振り分けは同じであるが、出資者に配分される残りの60％の受け皿としてワクフ国際銀行（The Bank Waqf International、以下BWI）が、インドネシアに設立されている。UWEMのスキームにもとづく投資を繰り返す中で、毎年ワクフへと配分される利益は、BWIにおいて、金と現金によって保有される。UWEMの準備金やBWIの資金の一部が金によって保有されているのは、経済の実体性の確保とインフレ対策を念頭にしたものである。

　現金ワクフをワクフ銀行化することは現在、発展段階にあるが、BWIはUWEMによって蓄積される資金を一括してワクフ銀行化することを通じて、一層、資金力、信頼性を高め、さらにグローバル展開していくことによって世界のどこからでもアクセスでき、イスラーム共同体の公益を実現するためのワクフ金融の中央銀行のような位置づけになることを目指している。金融が高度に専門化されテクノロジー化も進む現在、BWIではワクフの管財人はイスラーム金融の専門家が当たり、同時にイスラーム法学者が運用管理のシャリーアとの合法性をチェックするという体制が提示されている。

　自由主義経済のグローバル化にともなう貧困の拡大にCovid-19が追い打ちをかける中、以上の事例に限らず、現金ワクフをイスラーム社会の福祉や格差解消のために活用するためのモデル化や実践が数多く立ち上げられている。他方、イスラームにおいて喜捨・寄進は重要であるが、困窮者

に施しを行うことは一時避難的なことで、それが常態化することを良しとはしない。なぜならばそのような常態化は、財の配分だけではなく、経済活動の他のプロセスにおける中道性の欠如を示すものだからである。

　イスラームでは、生存の危機に瀕した者は助けを乞うことが義務である一方、稼ぐ能力のある者が働かず喜捨に依存することは厳しく禁じている（櫻井 2020）。しかし、現在のような巨大資本群が支配する市場構造においては、主体的に生産的な経済活動に従事する能力があっても市場から排除されているのが実状である。イスラームにおいては、資本の巨大蓄積と独占を回避するためのさまざまな法令があるが、その一つを具体化したのが、無利子のイスラミック・マイクロ・ファイナンス（IsMF）であり、それは、たとえ小資本であっても参入できるような市場の構築のために重要な役割を果たしている。イスラーム金融に限らずマイクロ・ファイナンスは、資金提供力の脆弱性が問題視されることが多々あるが、ワクフ資産と連携しているIsMFは、ムダーラバ契約によって現金ワクフから資金提供を得ることにより、この問題の解決を模索している（Mobin 2016）。

　ワクフ銀行は、無利子の投資系銀行という意味においてイスラーム銀行と同じであり、預金者は自己の利益を公益・福祉に転換するために投資するという最終目的において相違はない。だが、イスラーム銀行はあくまで預金なので引き出すことが可能だが、ワクフ銀行の資産は喜捨を通じて形成され、神の道に投じたものとみなされることから、現世において引き出すことはできない。

　喜捨、寄進を通じて私財を「神の道へ財を投じる」ことは、「あなた方がもしアッラーに善い貸付をするならば、神はあなた方のためにそれを倍加なされ、あなた方を御赦しくだされよう」［クルアーン2：17］という聖句にも明らかなように、神への貸付であり、来世において神が数倍にして払い戻す約束にもとづいてなされている。このような来世観にもとづく喜捨は、結果として現世における相互扶助としてあらわれる。それは「情けは他人のためならず」にも通ずるものであり、財貨の循環を、自己を中心とする範囲のレベルだけではなく、他者や未来、死後を包摂する自己の延長のレベルでとらえることによって実現するのである。

6. 共存在価値の創造の重要性

　以上より明らかなのは、イスラームのハイブリッド経営は、単に営利事業と非営利事業の2つを足し合わせたものでない点である。なぜならばイスラームでは、営利と非営利はもとより不可分で表裏一体の関係にあり、それらが分離しないのは、営利的行為も非営利的行為も、〈一〉なる神の存在を分有する人間の行為の展開だからである。〈多〉として展開した存在者が〈一〉へと収斂する先は、現世では共同体であり、その先には神の元へ帰還する来世がある。この現世と来世が連続する共同体を見すえてシャリーアにしたがって生きる道を定めるのが、イスラームで求められる信者の生き方である。よって共同体は単に群れるところではなく、公益を実現する「場」である。ともすれば利己的に凝り固めて囲い込んでしまいがちな私益を、自らもその一部である「われわれ」という大我の公益へと開いていく場であり、その受け皿となって共同体の基盤となっているのがワクフなのである。このようにイスラームでは、私益を公益に開くことは神を介して可能となる。

　アフガニスタンやイラク、シリア、レバノン、イエメン、パレスチナなど、長年にわたり戦禍に見舞われている地域では、伝統的なワクフ施設であるモスクやバザールが破壊されている。上述の事例でも見た通り、バザールには生活必需品を扱う店舗ばかりでなく、クリニックや学校が併設されている。そしてそれを再建するための平和はいまだ訪れることはなく、イスラームに準じたハイブリッド経営を企業がスマートに打ち立てるといった状況にない。長年の経済制裁によって自由な経済活動を阻害されているイランにおいても、革新的な企業の登場を望むことは困難である。現在のところそれを推進しているのは、政情が比較的安定している湾岸諸国やトルコ、マレーシア、インドネシアなどである。ただし、そのような苦境にある社会においても、私益を囲い込むのではなく、公益に開き、できる限り社会内において財貨をくまなくフローさせようとする心性は失われてはいない。

　ポスト資本主義としてのイスラーム経済・経営システムの合理性は、企業が社会の中に位置し、企業が事業を通じて有形無形の無数のつながりを構築し、事業の存続がコミュニティの存続にもなる「共存在価値」を創出することにある。そこでは、コミュニティの一部として企業が内在的観点から戦略を立てることが特徴的である。ここでは企業とコミュニティの関係も、PLSにもとづいている。コミュニティが被る損害は、企業の損害としてシェアする関係にあるので、その地域から企業利益が見込めないとなるとすぐさま撤退する企業の方向性とは異なっている。

　行き詰まった資本主義を打開するために寄付や分かち合いに注目が集まる一方、本論中で指摘した通り、「こうあるべき」論として認識上でそれらがとどまっている限りにおいては、行為として実践されない問題は問われないままである。さらにたとえそれが社会貢献の名のもとに利益の配分がなされるにせよ、企業が現地の共同体を犠牲にしてあげた巨額の利益が、その地域の悲惨な極貧状態や環境汚染の原因になっている場合には、その寄付はまったく意味をなさない。困窮者を救うにしても相互扶助による分配に依拠するばかりでは、結果として、略奪的な資本主義を支えて格差を固定し悪化させる可能性すらある。

　このような状況の打開にまず必要なのは、営利・非営利のハイブリッド経営の重要な点は、利益の分配に加え、外部費用のフェアな負担、損失もシェアするパートナーシップのあり方であろう。さらに利益の獲得方法と同様に、資本主義における仮想的利益やその蓄財のあり方を問うことも必要であろう。相互扶助を美徳として啓発することよりも、利益の獲得者（個人や企業）が損失を外部化せずに、利益も損失も公正に受け入れるPLSの方式の導入が不可欠である。したがって、持続的発展をプロパガンダに終わらせずに共存在価値の経営を確立するためには、自らの文化に根差したPLS方式の営利・非営利のハイブリッド経営を構築していく必要があろう。ポスト資本主義を迎えるためには、世界レベルでの共存在価値の創造の経営が急務なのである。

参考文献

Baqutayan, Shadiya Mohamad Saleh (2018). "Waqf Revival: A Policy Perspective" *Journal of Science, Technology, and Innovation Policy*. 4 (2), 20-27.

Cambridge University (2021). *Gifr 2021 Global Islamic Finance Report*. https://www.slide-share.net /RepublikaDigital/gifr-2021-global-islamic-finance-report. (Accessed on August 11, 2022).

Çizakca, Murat (2000). *A History of Philanthropic Foundations: The Islamic World From the Seventh Century to the Present*. Bogaziçi University Press.

フランク、アンドレ・グンター (2000)『リオリエント―アジア時代のグローバル・エコノミー』(山下範久訳) 藤原書店。

グレーバー、デヴィッド (2020)『ブルシット・ジョブ―クソどうでもいい仕事の理論』(酒井隆史、芳賀達彦、森田和樹訳) 岩波書店。

Hassan, Rusni and Fatimah Mohamad Noor. "How Corporate Awqaf can Support SDGs?" in Mohd Ma'Sum Billah, *Islamic Wealth and the SDGs: Global Strategies for Socio-economic Impact*. Palgrave Macmillan. pp.539-558.

ハーヴェイ、デヴィッド (2017)『資本主義の終焉―資本の17の矛盾とグローバル経済の未来』(大屋定春、中村好孝、新井田智幸、色摩泰匡訳) 作品社。

Heningan, Peter C. (2004). *The Birth of a Legal Institution: The Formation of the Waqf in Third-Century A. H. Naafi Legal Discourse*. Brill.

川勝平太 (2012)『「鎖国」と資本主義』藤原書店。

Kuran, Timur (2011). *The Long Divergence: How Islamic Law Held Back the Middle East*. Princeton University Press.

松村圭一郎 (2021)『くらしのアナキズム』ミシマ社。

Mobin, Mohammad Ashraful and Abu Umar Faruq Ahmad (2016). "Achieving Sustainable Development through Islamic Microfinance" in Hassan, M. Kabir (ed.) *Handbook of Empirical Research on Islam and Economic Life*. pp. 193-212.

Mohsin, Magda Ismail Abdel, Hisham Dafterdar, Murat Çizakca, Syed Othman Alhabshi, Shaikh Hamzah Abdul Razak, Seyed Kazem Sadr, Thamina Anwar and Mohammed Obaidullah (2016). *Financing the Development of Old Waqf Properties: Classical Principles and Innovative Practices around the World*. Palgrave.

Nouraei, Morteza, Mohammad Ali Chelongar and Abolfazl Hasan Nabadi (2013) "Functions of Charity Foundation in the Middle East; Case Study: Astan Quds Razavi, Mashhad, Iran." *Interdisciplinary Journal of Contemporary Research in Business*. 4 (9), 1352-1371.

Pitchay, Anwar Allah, Mohamed Asmy Mohid Thas Thaker, Al Amin Mydin, Subir Azhar and Abdul Rais Abdul Latiff (2018). "Cooperative-waqf Model: a Proposal to develop idle waqf lands in Malaysia". *International Journal of Islamic Finance*. 10 (2), 225-236.

Saad, Norma Md, Saliba Kassim, Zarinah Hamid (2016). "Best Practices of Waqf: Experience of Malaysia and Saudi Arabia", *Journal of Islamic Economics Lariba*. 2 （2）, pp.57-74.

佐伯啓思（2020）『近代の虚妄―現代文明論序説』東洋経済新報社。

櫻井秀子（2008）『イスラーム金融―贈与と交換の共存のシステムを解く』新評論。

櫻井秀子（2020）「イスラームにおける『喜捨の経済』―存在のあらわれとしての贈与」『産業経理』産業経理協会、Vol.80. No.1, pp.37-48。

清水博（2016）『〈いのち〉の自己組織―共に生きていく原理に向かって』東京大学出版会。

スコット、ジェームズ・C.（2021）『実践　日々のアナキズム―世界に抗う土着の秩序の作り方』（清水展、日下渉、中溝和弥訳）岩波書店。

Thaker, Mohamed Asmy Mohd Thas and Hassanudin Mohd Thas Thaker（2015）. "Exploring the Contemporary Issues of Corporate Sharia Waqf Model in Malaysia with the Reference to the Waqaf An-Nur Corporation Berhad". Journal Pengurusan 45, 165-172.

Waqaf an-Nur Corporation Berhad.（2020）. *Abridged Annual Report 2019*.http://www.waqa-fannur. com.my/Content/files/documentList/Wancorp_DocumentList_C8BF1A53.pdf.（Accessed on August 11, 2022）.

Waqaf an-Nur Corporation Berhad.（2021）. *Abridged Annual Report 2020*. http://www.waqafannur. com.my/Content/files/documentList/Wancorp_DocumentList_3BCA8BF7.pdf.（Accessed on August 11, 2022）.

The World Bank Group, Inceif and ISRA（2019）. *Maximizing Social Impact through Waqf Solutions*. https://documents1.worldbank.org/curated/en/930461562218730622/pdf/Maxi-mizing-Social-Impact-Through-Waqf-Solutions.pdf.（Accessed on August 11, 2022）

ウィリアムズ、エリック（2020）『資本主義と奴隷制』（中山毅訳）ちくま学芸文庫。

（さくらい　ひでこ／中央大学）

経営者革命としての日本的経営モデル、株主反革命としてのコーポレートガバナンス・コード

太　田　行　信

1．序論

　2022年5月の日本比較経営学会第47回全国大会において、筆者は統一論題報告として「日本のコーポレートガバナンス制度の歴史的検討」とのタイトルで、コーポレートガバナンス制度とその運用実態から見た日本資本主義体制の変遷を報告させていただいた。本稿では、①日本における大企業勃興期である大正時代（1912-1926年）から満州事変勃発の1931年までの期間を『戦前期』、②以後1945年の敗戦までのファッショ化と国家総力戦体制期を『戦中期』、③戦後の混乱とGHQ改革の『復興期』、④1951年に占領が終わって「日本的経営モデル」が発展・確立した『高度経済成長期』、⑤1990年前後のバブルのピークから今に至るまでの期間を『現在』と区切ったうえで、それぞれの期間における大企業のコーポレートガバナンス制度（具体的には、企業の組織設計およびステークホルダーである、株主＝資本家、経営者、労働者および政府の間の権力関係）の変化を通して、その経済社会制度的基盤である資本主義体制の変化を論じる。

　最初に、比較対象である、米国での会社権力関係変遷史モデルについて、簡潔に述べておく。

　米国において、分散した株主構成の公開大会社[1]での支配権力が、1910〜20年代に株主から、自社株を持たない「専門経営者」へと移った現象は、1932年にバーリとミーンズ[2]によって実証的に発見され、彼らはそ

れを「株式会社革命」と呼んだ[3]。その後、第二次世界大戦を挟んでの「長いニューディール時代」と呼ばれる民主党黄金期においては、株主権力の相対的減退に対して、経営者権力の一層の増大が見られた。米国経済の好調もあり、社交クラブ的な取締役会と労働組合との馴れ合いにより、経営者権力が絶頂を迎え、企業の内部者支配が進んだ。

　その後、1970年代には株価の長期低迷があり、個人投資家に代わって保有シェアを伸ばした大規模機関投資家の側からは、会社資産を濫用し、業績（すなわち株価）に無頓着な経営者への反感から、1970年のフリードマン・ドクトリン[4]に見られるような「株主至上主義」の主張がなされた。

　1980年代から1990年代にかけては、買収ファンドの大型化とLBOやジャンクボンドといったファイナンス手法の発達に促された敵対的TOB行動の一般化により、「株主反革命」と呼ばれる経営者から株主への会社権力の揺り戻しが活発化した。強い米国を代表してきたGMやIBMといった巨大企業において、強化された監督方針を持つ取締役会によるCEOの更迭が頻発し、「取締役会の叛乱」と呼ばれた。また、経営行動と株主利益の一致を図ってエージェンシー問題の解決を目指す手段として、巨額の株式オプションを経営者に付与する実例が増加したが、高騰した経営者報酬と相まって行き過ぎた企業行動について「強欲資本主義」という批判が社会的に高まった。

　さらに21世紀に入ると、従業員・地域・取引先・顧客および環境を同等に重視した経営をすべきであるとする「ステークホルダー資本主義」が、国際機関（国連主導のSDGsおよびESG）、各国政府および学界から提唱された。近年では、さらに経営者団体および大手機関投資家もその動きに賛同するようになり[5]、経営者はより幅広い目線で経営することを求められるようになってきている。

2. 戦前期1912-1931年：株主と専門経営者の関係

　西洋列強に追いつくべく、明治維新の殖産興業政策によって始まった日本の資本主義は、明治期を通じて会社制度[6]を活用して産業革命を極めて

短期間（1870-1910年）[7]に経験し、拡大した。明治後期の鉱業と製糸など軽工業中心の企業勃興期を経て、何度かの不況と好況を経験した後、大正〜昭和初期には、銀行ならびに紡績、電力および鉄道といった資本集約型産業、特に重化学工業において大規模株式会社が勃興し、なかには、分散した多数の株主のもとで、専門経営者が経営にあたる大企業も多く現れるようになった[8]。ただし、企業のルーツによって、その変化のプロセスは少しずつ異なっていた。

(1) 企業類型別の専門経営者の進出状況

①明治維新の激動期に創業し、それに続く産業革命時に勃興した中堅財閥は、明治前期こそアントレプレナー創業者が資本と経営をともに支配する企業者企業であったが、創業者から次の世代への代替わりに伴なって、国内外での高等教育を受けた専門経営者が経営の中心となった[9]。

②それに対して、江戸時代から続く商家から発展した三井および住友財閥[10]においては、江戸時代から家憲・家訓のような規律、同族の総有制度と集団指導体制のもとで、番頭が経営の采配をふるっていたため、明治に入っても財閥同族が経営前面に出てくることはなく、一定程度は資本と経営の分離、少なくともそれを受け入れる下地が存在した[11]。岩崎家独裁を唱えた三菱財閥を含めても、傘下会社においては専門経営者が経営の中心となっていった。

③近代的産業である機械製糸、紡績、近代鉱業、鉄道および銀行が中心の非財閥系大企業では、初期から内外で技術を学ぶか、高等教育を受けた専門経営者が経営に当たるのが一般的であった。

(2) 株主の活動とコーポレートガバナンス

この時代の企業のコーポレートガバナンス、具体的には株主と経営者の関係を眺めると、戦後期の「モノ言わぬ」株主と違って、株主は自らの出資を守り、利益を求めて非常に厳しくかつ活発に経営者と会社に要求をし、より生々しい資本家的な行動を取っていたことが明らかである[12]。そ

の理由としては、企業にとって富裕個人からの株式での調達が、起業と成長のための（特に多額の設備投資資金）重要なファイナンス手段であったことが指摘できる。背景にある事情は、戦前の銀行は、商業流動性融資および不動産担保融資を中心業務とし、長期多額の企業向け設備投資融資には消極的であって、むしろ個人資産を信用判断で重視したうえでの個人向け株式担保融資として取組んだ点である[13]。そのために、銀行に対して自己の全財産をもって借入金返済義務を負う個人投資家は、投資先企業の成功、特に借入金の返済原資たる配当金に敏感であった。これらの直接金融中心[14]の資金調達構造、自己資本比率の高さ[15]、個人大株主の保有比率の高さ[16]および彼らの株主活動の活発さは、戦後期の日本的経営モデルとの大きな相違点である。

　株主たちは、経営者の不正や高額報酬を糾弾し、自らの代理人として役員を送り込み、しばしば経営者の更迭を求めたり、訴訟を提起したりした。また経営者の意向にかかわらず企業合同を進めたので、紡績業においては世界的な大企業すら勃興することになった[17]。制度的にも、戦前の会社法は株主総会中心主義をとっていたので、株主総会決議で取締役会の決定を覆したり、取締役の業務執行を拘束したりできたのみならず、定款と異なる議決すらできたため、分散した株主構成の会社の経営者は常に株主の動向を気にする必要があった。

　したがって、戦前においては平時には経営者が経営権力を持ってはいるものの、株主は経営者のエージェンシー問題をモニタリングしつつ、活発に、時には会社荒らしと呼ばれるような極端な行動を含めて、経営者に強い圧力を加えるというコーポレートガバナンス活動が行われていた。株主と経営者は、経営をめぐって非常に緊張感がある、ダイナミックな関係にあったのである。

（3）財閥グループのコーポレートガバナンスと組織の変遷

　このような活発な株主活動から隔離されていたのは財閥傘下の事業会社である。財閥同族が閉鎖的に所有する持株会社が完全親会社であり、さらに系列機関銀行の預金調達力および融資力が巨大であったため、持株会社

表1　三大財閥の組織変更の歴史（後掲参考資料から筆者作成）　数字は西暦年

財閥名称	三菱	三井	住友
開業	明治3（1870）年、岩崎彌太郎が海運業の九十九（つくも）商会を大阪に設立	延宝元（1673）年、三井高利が江戸に呉服店、京に呉服物仕入店を開く	天正18（1590）年、蘇我理右衛門が京都に銅精錬所を開く
主要経営者	岩崎彌太郎→1885彌之助→1894久彌→1916小彌太1945	三野村利左衛門、中上川彦次郎、益田孝、團琢磨、池田成彬	総理事：1877広瀬宰平→1900伊庭貞剛→1904鈴木馬左也
主要傘下事業会社の法人化	1885日本郵船（株式会社化は1893）、1917三菱造船、1918三菱商事、1919三菱銀行を株式会社化	1893三井物産・三井鉱山・三井銀行・三井呉服店を合名会社化（株式会社化は1904～1911）	1912住友銀行、1920住友製鋼所・住友電線製造所、1927住友別子鉱山を株式会社化
持株組織の組織形態	1893三菱社を三菱合資会社に改組→1937株式会社三菱社（1940株式公開）→1943株式会社三菱本社	1909三井合名会社設立→1940三井物産が三井合名会社を吸収合併→1944三井物産を分離し株式会社三井本社に改組	1921住友総本店を住友合資会社に改組→1937株式会社住友本社
持株会社の解散	1946三菱本社解散	1946三井本社解散	1946住友本社解散
戦後の企業グループの結成	1954三菱金曜会	1950月曜会→1961二木会	1949ごろ（正式発足1951）白水会

指名による経営者は外部ステークホルダーの干渉とは無縁な、安定した業務執行環境を享受することができた。ただし、持株会社は傘下会社に対して、監督役としての取締役および監査役の派遣、取締役会および株主総会議案の事前承認、予算および決算の承認、多額の借入および投資の承認、ならびに幹部職員の一括採用および人事配属に加えて、傘下会社間の資本の配分[18] といった、事前・期中・事後モニタリングおよび事業部門資本管理といった現代的経営管理システムにつながる体制を構築していた。

　表1に見るように、財閥グループは、当初個人または同族の総有形態企業であったのが、その後の会社法[19] 制の整備に伴って、同族による閉鎖

的所有を維持しつつ、まず傘下事業会社が法人化された。続いて持株組織が法人化された後、上記の持株会社を司令塔とするグループ管理体制が整備されて、傘下会社の専門経営者企業化を進めた。結果として会社の資本面および業容の大規模化に成功し、財閥は第一次世界大戦後の不況を乗り越えて、昭和初期に急速な成長を遂げたのである。

　以上を総括すれば、戦前の公開大企業におけるコーポレートガバナンスの実態は、平常時は専門経営者による資本と経営が分離した近代的経営者支配であったが、成長資金の重要な提供者である個人株主は、自らの利害に非常に敏感であって、経営者の交代、配当の多寡、および企業合同をめぐって活発に経営への介入を行っていた。他方、大手財閥系企業では、二層の閉鎖的所有構造のもとで、持株会社を頂点とする綿密な企業集団統制システムが整備されていたのである。

3.　戦中期1931-1945年：
　　ファッショ化と国家総力戦体制における株主権の変容

（1）「財閥の転向」にみる株主行動の変化

　第一次世界大戦で未曽有の活況を呈し、バブル景気に踊った日本経済は、1918年の終戦後ほどなく海外需要の減少、欧州企業との競争復活、および生産能力過剰を抱え、1920年の戦後反動恐慌、1923年の関東大震災および1927年の金融恐慌に苦しめられることになる。大手財閥については、これら恐慌をうまく切り抜け、むしろ預金が集中した銀行部門を中心に、信用面でも資本面でもより盤石の地位を固めることができた[20]が、その繁栄ぶりおよび利益獲得活動を、一般大衆および左右両勢力から妬まれる存在となった。特に有名なのが、金解禁をめぐる外国為替の大きな変動の際に、財閥が投機で巨額な利益をあげたとして、社会的および政治的なスキャンダルとなった1931年の「ドル買い事件」であった。最大財閥であった三井の三井物産および三井銀行が強い非難の的となり、三井合名会社の理事長團琢磨が右翼によって暗殺された、翌年の血盟団事件の遠因となった。

この事態に震撼した三井財閥は、人事面では三井家同族を傘下会社の重役から引き上げ、収益至上主義で社会的批判が強い三井物産トップを更迭した。さらに慈善事業のために3,000万円を出捐して財団法人三井報恩会を設立した他、軍、海外植民地および慈善事業への多額の寄付を行った。また、組織面では、重役の定年制導入や落下傘経営者派遣に替えて傘下企業の内部昇進重視などの、持株会社支配を緩和する行動が見られた。さらに、傘下会社（ただし、傍系会社のみ）の株式を公開して、「腐敗して堕落した」財閥同族が経済と利益を独占しているという批判の緩和につとめた。三菱および住友財閥も追随したこのような行動は、「財閥の転向」と呼ばれた。利潤を追求する資本主義活動への、左右両勢力からの強い社会的・政治的圧力および暴力に直面した結果、資本家としての行動を変化させる必要性が明らかになったのである。

　また、直接的圧力とはいえないが、この時期に税金が財閥同族および財閥グループのファイナンス活動に与えた影響も非常に大きい。法人税および相続税[21]は、戦中には税率が暫時高められた結果、特に相続税の支払いに財閥同族は非常に苦慮した。役員報酬および事業配当所得のみでは対応できないようになると、持株会社の株式会社への改組、持株会社および傘下会社の株式公開による資金調達、コンツェルン組織再編、ならびに持株会社での借入などの対策が取られた[22]。対国家との関係において、租税という強制力を伴った強力な統治手段が、大資本家株主と企業の行動に大きな圧力を与えた点は無視できない。

（2）総力戦体制による政府の統制介入と資本主義の変質

　1931年の満州事変の後、1937年に始まる日中戦争の泥沼化と続く太平洋戦争の勃発で、戦争完遂とそのための重化学工業を中心とする軍需物資増産が、国家によって経済の中心目的に据えられた。物資の流通が不自由となるのに比例して、国家総動員体制が次第に整備され、企業・一般国民ともにヒト・モノ・カネ全てにおいて政府による大幅な統制下に置かれることとなった。企業の利潤極大化目的が、軍需生産極大化目的に劣後させられ、自由市場原理に基づく企業活動が抑制された結果、株主にとって

は、投資リターンおよび企業への支配権ともに大きな制約下に置かれた。

①総力戦体制と資本主義の変質

　政府と軍部は戦争遂行のために、企業に対して重化学工業での軍需物資生産増加を要求した。企業側の当初の対応はというと、先ごろの第一次世界大戦時のブーム・アンド・バストの経験があったために、増産のための設備投資には必ずしも前向きではなく[23]、政府は各種のアメとムチの政策を総動員して企業を鼓舞した。政府および革新官僚と呼ばれた中央計画経済主義者は、このような企業の消極的姿勢の原因に、そもそも資本家の利潤動機があるとみて、それを抑圧し、国家的目的に従わせようとした。株主に関わる主な統制制度は以下の通りである。

1939年　会社利益配当及び資金融通令：配当規制（配当率固定と増配の許可制）および大蔵大臣による日本興業銀行への融資命令権（損失は政府が補償）

1940年　会社経理統制令：配当率と経営者賞与の制限（結果として、株主・経営者の企業利益残余請求権の固定化）

1941年　日本協同證券設立による株式買支えと、株価の固定
　　　　重要産業団体令：主要9業種に生産統制のための統制会を設置

1943年　軍需会社令：政府による経営者の「生産責任者」指定による準官吏化（株主総会の部分的無機能化と生え抜き昇進者中心の経営陣）

②統制された間接金融と労働者の地位向上

　経済統制の結果、株式・債券の利潤証券としての魅力が減殺され、株価・債券価格ともに下落し、企業の市場での資金調達は隘路に陥ったために、軍需産業の設備資金の調達手段として銀行に対する命令融資が制度化された。日本興業銀行を中心とする協調融資、銀行の資金繰りを支援する日銀融資および郵便貯金資金、国民への貯蓄勧奨政策、さらには政府による命令融資案件への損失補償といった政策が総動員された[24]。

　利益率が制限された中での、急激かつ多額の設備投資資金需要増加に

は、大財閥であっても内部資金では不足するため、上述の同族の税金対策も含めた各種ファイナンス活動が実施された。これらにより、持株組織および傘下会社の、同族による閉鎖的所有という財閥のメルクマールの一つは部分的に失われ、傘下会社経営の独立傾向も生じたために、この時代を財閥解体の始点とみる意見もある[25]。

　また、総力戦体制では、生産力の増強という国家目標への奉仕者としての労働者の徴募、統制および懐柔を図った結果、労働者の移動制限（結果的に長期雇用）、産業報国会を通しての組織化、および待遇改善（職員との給与格差減少および固定給重視の給与体系）などの現象が現れた[26]。

　これらの国家統制政策の結果、株主にとってリターンは大幅に圧縮され、資本と経営の分断が進み、インサイダーコントロールが進み、労働者の地位が向上した[27]。株主の無機能化は、主たる資金調達手段の間接金融移行でさらに進んだため、株主の権力減退と、企業活動の中心にいた経営者の権力強化をもたらした。

4. 復興期1945-1951年：
GHQによる経営の民主化と"上からの経営者革命"

　敗戦の結果、政治と社会のみならず、経済と企業経営も米国の影響を受けて巨大な変化を遂げた。財閥については、経済の民主化という目的に沿って、持株会社解散と傘下会社株式の買取・売出が実行され、傘下会社は支配株主を失い、株主の小口分散化をもたらした。さらに、戦時中の経営者のパージも加わって、株主および経営者の顔ぶれは一新された。

（1）財閥解体

　GHQとその中心である米国は、占領後改革の目標を、日本が二度と米国に軍事的に対抗できなくすることに置き、その手段として軍閥に協力的な重化学工業界および商社、特にその中で大きな力を持っていた明治期財閥および昭和期に勃興した新興コンツェルンの力を削ぐことに、占領のかなり早い段階で着手した。

　そういった「経済の民主化」政策の手段として、財閥持株会社および財閥同族が持つ傘下会社の株式を、持株会社整理委員会が強制的に買い上げて所有関係を断ち切ったうえで、一般国民に売り出した。ここに財閥傘下会社は親会社と同時に絶対的安定株主を失ってしまう。さらに、財閥持株会社は自主的に活動停止の後清算され、三井物産と三菱商事はGHQの指令（1947年）によって解散させられた。独占禁止法（1947年）によりカルテル行為、持株会社を含む企業結合および金融機関による5%以上の株式保有が禁止され、過度経済力集中排除法（1947年）によって三菱重工や日本製鐵など18社が分割を命じられた。

（2）経営体制民主化と労使一体体制

　GHQがさらに、経済民主化の一環として、財閥同族や持株会社経営者のみならず、主要企業の常務以上の経営陣をパージ（財界追放）した結果、それまで取締役ですらなかったような経営者としては未熟な工場長、部長や支店長クラスの人物が経営者となった（いわゆる「三等重役」）。そのような人々にとっては、親会社＝株主のサポートもないなか、内部者、特に合法化後にホワイトカラー職員を含めて高い加入率となった労働組合と結束して難局に当たるのは、当然の行動[28]であり、そこに後の労使協調主義や労使一体体制の萌芽があった[29]。ただし、若く経験の浅い経営者がゆえに、課題に果敢に挑戦し、奇跡ともいわれる日本経済の復活を主導したケースも多い[30]。

（3）GHQの資本市場による企業規律構想の蹉跌と間接金融を通した
###　　　企業グループの結成

　GHQは、戦後日本の企業規律のモデルとして、米国流のコーポレートガバナンス体制、なかでも資本市場経由の経営者規律システムを念頭に置いて、大企業の所有構造の民主化と証券市場の改革を進めようとしたが、戦後のインフレ、財産税による富裕層の没落、および機関投資家の不存在により、厚みがある投資家層が存在せず、絵にかいた餅に終わった[31]。財閥解体に伴って株式を手に入れた一般大衆も、戦後の生活困窮やインフレ

のために手放してしまい、安定的保有主体とはなりえず、経営者は以後株主対策に悩まされることになる。

　むしろ、GHQ改革の手が及ばなかった大手都市銀行は、積極的に企業の復興資金の貸し手になり、やや後になるが浮動株の引受け手（はめ込み先）、すなわち安定株主としてその存在感を強めた。占領終了後まもなく住友・三菱・三井の順番で旧財閥が企業グループを結成し、それにやや遅れて高度経済成長期に結成された大手都市銀行を中心とする企業グループ内で、株式相互持合い構造[32]が形成されることとなった。

(4) 会社法改正と不充分なコーポレートガバナンス改革

　1950年に占領軍の指導のもとで会社法の大改正がなされた。新たに取締役会と代表取締役制度が導入され、前者は監査役に代わって経営者の監督責任を持った。株主については、少数株主の権利保護が強化された反面、株主総会中心主義を修正して取締役会への権限委譲が進められた結果、取締役＝経営者の権限はむしろ強化された。監査役については、取締役会制度創設に伴って廃止説もあったなか、業務監査権限が切り離されて会計監査のみにその職責が縮減された。

　上場会社については証券取引法と公認会計士法（ともに1948年）のもとで、専門職の公認会計士が選任される独立した会計監査人が会計監査を行うことになった。これは米国法系での、コーポレートガバナンスは、会社組織法制（米国では会社法は州法）ではなく、資本市場を通して規律を働かせるための開示法制（1934年連邦証券取引所法）の問題であるという思想の反映であった。

　これらの監査制度をめぐる動きは、戦前に業務監査と会計監査を担う監査役が必ずしも期待された成果を出せていなかったとの評価が背景にあった。しかし、米国では経営トップのCEOが本質的に使用人であるのに対して、改正後会社法で会社を代表するのは代表取締役であり、社外独立取締役選任を一切要件としない取締役会によるガバナンスは本質的に自己監督となる。内部からの昇格者で満たされた取締役会は、その後相次いだ粉飾決算、企業破綻および不祥事[33]発生時にその問題点を露呈したため、

監査役について、業務監査権限の再付与（1974年）を含む職務権限の強化、任期の長期化、社外監査役制度および監査役会制度などによる経営者監視体制の強化が、会社法制の相次ぐ改正によって図られた。

　その後、経営効率の向上のために、当時の会社法の枠内で米国型に監視・監督機能と執行機能を分ける試みである、ソニーによる「執行役員」制度の改革には大きな反響はあったが、決定打とはなりえなかった[34]。より抜本的なコーポレートガバナンス改革は、平成期に入って委員会等設置会社が機関設計の選択肢として加えられたこと（2003年）や、コーポレートガバナンス・コードの制定でグローバル・ベストプラクティスの導入が図られるのを待つことになる。

5. 高度経済成長期1951-1990年：日本的経営モデルの成立

（1）日本的経営モデルの成立と「上からの経営者革命」

　終戦後の混乱の後、朝鮮戦争の特需もあって、日本経済は曲りなりに成長の途につき、企業経営者は経験と自信を得て、短期間にGDP世界第二位へと駆け上がるその後の驚異的な経済成長をもたらした。これまで見てきたような敗戦後の混乱、およびGHQによる経済や法律体系の民主化（制度的には米国化Americanizationと呼んでよい）である「上からの経営者革命[35]」は、その後に「日本的経営モデル」に進化した。それは短期の業績に煩わされない長期的視野での経営、強烈な会社への忠誠心や団結力、外部への強い対抗心、暗黙知に基づく以心伝心的業務運営、長時間労働、自主的なTQC活動といった活動につながった。

　これら日本的経営モデルを背景に、代表取締役社長をトップに頂く取締役会は企業ヒエラルキー構造の頂点となり、生え抜き社内取締役（トップである社長の部下たち）およびケイレツ持合い先の社外取締役が取締役会を形成したために、経営者監督機関としては無効となった。これにより、株式会社の経営者支配と社員互恵の共同体組織化が進展し、日本企業の経営者革命は完成形を見たといえる。このような取締役会が、株主をプリンシパルとするエージェンシー費用を削減するという責任を果たすことは、

例外的ケースを除いては望むらくもなかった。

　日本的経営モデルにおけるコーポレートガバナンス体制の特徴と問題点は、以下のようにまとめることができる。

- 株式持合い構造からくる株主の交渉力の弱さ（もの言わぬ株主）
- 株式持合いのための資産の固定化、株主資本の空洞化と間接金融への過度な依存
- メインバンクによる状況依存的ガバナンスと資本市場による規律付けの弱さ
- 内部者に占められた、外部の牽制が効かない取締役会、代表取締役の絶対的権力
- 新卒一括採用と、男性従業員中心の年功序列昇進制度のなかでの均質組織
- 経営者階層の流動性不足と交代市場の不存在
- 企業別労働組合による労使一体協調体制と労働者からの圧力低下

　このような構造は、高度経済成長に続いて日本経済が比較的好調であるうちは、いくつかの例外的な経営者の暴走、不祥事または企業破綻の危機において、主にメインバンクを主導者とする非常時のコーポレートガバナンス・メカニズムの発動が見られる程度[36]で、株価がバブル景気のなか上昇を続けている限り、大きな経営問題として見られることはなかった。むしろ、目先の収益よりも、規模の拡大と長期的成果を重視し、従業員と企業城下町の地域を大事にし、環境問題などを技術と従業員参加の品質向上活動で克服するという、現在のESG重視・ステークホルダー主義的な、当時の日本的経営モデルが日本経済成長の秘訣である、という見方が内外ともに主流であった。

(2) 日本的経営モデル戦時期源流説（1940年体制説）の検討

　ここで上記のような日本的経営モデルの原点を戦中期の総力戦体制に求める「戦時期源流説[37]」（民間経済体制に政治と官僚を加えて、よりジャーナリスティックにとらえたものが「1940年体制説[38]」）について、簡単に触れておきたい。

　これらの説は、戦中期に施行された総力戦のための経済統制制度のもとでの経済、企業経営および金融体制が、戦前のそれとは異なるものであり、さらにそれらが戦後も残って活用された点を指摘した。現在も残る諸制度が、かならずしも戦後改革によって完全に一新されたものではないことを明らかにし、規制緩和の論点を提供した点で意義はあるものの、戦中の総力戦政策の方向性と、戦後の復興と成長の方向性は、経済および企業活動の目的として全く異なるうえ、戦後体制をもたらした巨大な外的圧力（「上からの経営者革命」といわれる理由）に対応した経営者の属性、動機および戦略もまた別物である。何よりも、戦後の復興と成長のために、日本的経営モデルの構築を含めて、全てのステークホルダー（政府、投資家、経営者、労働者）が払った努力と創意工夫を過小評価してはならないであろう。

　従って、戦中と戦後の制度に一定の関係性はあるにしても、結果的な類似または残存制度ととらえるべきであろう[39]し、コーポレートガバナンス体制については、それが「上から」与えられた外的要因への対応であったにせよ、戦前・戦中とは断絶した経営者革命が起きたと見るべきである。

6.　現在　1990年以降：バブルと日本的経営モデルの崩壊

（1）バブルの崩壊、海外投資家の増加と影響

　高度経済成長と並行して進められた資本市場の自由化は、1980年の改正外為法施行によって間接投資を含む資本取引自由化で完全な形で実現したが、当時の日本企業はその後バブルであったことがわかる株価の割高さ、および株式持合い体制のもとでの安定株主によって、外資による乗っ取りのリスクを逃れていた。

　しかし、株価と不動産バブルの崩壊と時を同じくして、平成時代（1989-2019年）に入ってからの「金融ビッグバン」と呼ばれる金融市場の開放、さらに政治面での日米構造協議（1989-1990年）での米国からの圧力の成果としての規制緩和に乗って、「第二の黒船」と呼ばれる外資系金融機関

が進出し、外国人株主が増加した。

　表2に見られるように、外国人株主は、長期間の株価下落[40]による個人保有株式、および不良債権処理とバーゼル資本規制対応で放出された金融機関保有の持合い株式の受け皿となって、次第に無視し得ない比率の株主となった。なかには、不動産や株式の含み益に比べて株価が安すぎる、すなわち株主から見て経営が非効率な会社に対して、乗っ取りのグリーンメールを仕掛ける外国人投資家が現れたため、脅威を感じた経営陣は買収防衛策や救済合併、またはさらなる株式持合いなどで対抗した。

　それでも、まだこの時代にはメインバンク体制、企業グループと系列システムがそれなりの力を保っていたので、これらの投資家が勝利をおさめることは少なかったが、バブル崩壊が加速し、長期的に経済と株価が停滞するなか、村上ファンドやライブドアのような、これまでに見られない投資行動を行う投資家も増えた。多くの企業や金融機関が破綻し、あるいは財務的困難に陥ったときに、海外の巨大な買収ファンドが乗り込んでくるに至って、リスクマネーの提供者としての株主の声はもはや無視し得ないほど強力になっていった。何よりも、会社法令上は、株主は「声」を上げることが可能であり、「モノ言う」株主が少なかったこれまでの状態のほうがむしろ異常であったことが明らかになったのである。

表2　東証投資部門別株式保有比率（東証「2021年度株式分布状況調査の調査結果について」（2022/7/7）から筆者作成）

＊都銀、地銀、信託（投信＋年金を除く）、生損保、証券会社、およびその他の金融機関

％	個人・その他	投信＋年金	金融機関＊	事業法人	外国法人等
1970年	38.3	2.1	30.8	23.9	4.9
1980年	28.3	2.3	37.4	26.2	5.8
1990年	20.7	4.6	40.1	30.1	4.7
2000年	19.6	8.3	31.5	21.8	18.8
2010年	20.6	7.6	23.9	21.2	26.7
2021年	16.7	10.9	21.9	20.0	30.4

　また、間接金融中心のファイナンス構造も、企業の収益構造の変化、無借金化の進展、海外資本市場を通したファイナンス活動の活発化、および盤石であったメインバンクの体力と機能の相対的低下に伴って退潮が進み、影響力を失った。

　このような環境のなか、日本企業の経営効率の向上とコーポレートガバナンス改革は待ったなしの状況となっていた。

（2）上からの**株主反革命**としてのコーポレートガバナンス・コード

　バブル崩壊後の「失われた20年」と呼ばれる低成長とデフレの期間を経て、2012年に成立した第二次安倍晋三内閣は、「大胆な金融政策」「機動的な財政政策」と並んで「民間投資を喚起する成長戦略」を「3本の矢」とする、いわゆるアベノミクス政策を掲げた。その一環として策定された「日本再興戦略—JAPAN is BACK—」（2013年）のなかに、「コーポレートガバナンスを見直して、日本企業を国際競争に勝てる体質に変革する」とする企業統治改革が政策課題としてあげられた。具体的には伊藤レポート（2014年）の中で、企業が投資家との対話を通じて持続的成長に向けた資金を獲得し、中長期で企業価値を高めていくために8％のROEの目標水準などが掲げられた。

　そのための土俵として、インベストメントチェーンの上流の機関投資家（アセットマネージャー）の受託者（資本家・委託者（アセットオーナー）のエージェント）としての規律、および企業側の「攻めのガバナンス」のための規律[41]として、それぞれスチュワードシップ・コード（2014年）とコーポレートガバナンス・コード（2015年）が制定され、後者は東証の上場規則として、上場会社の基本的規範となるに至った。

　この「車の両輪」とされる両コードは、「プリンシプルベース・アプローチ」（原則主義）と「コンプライ・オア・エクスプレイン」（原則を遵守するか、遵守しない場合には、その理由を説明する）の手法を採用している点を含めて、OECDと英国の先行例にならったもので、ここに至って日本企業のコーポレートガバナンス規律は、海外規範へのコンバージェンスが明らかとなった。

平成のコードはステークホルダー主義の衣をまとってはいるものの、米国に遅れること約30年で、非効率的な経営をもたらした経営者支配への反革命[42]が公的に明瞭なマニフェストとして現れたという評価ができる。コードの制定によって、明らかに会社の機関設計・構成選択および経営者の行動は変化し、さらに株主側がより強く経営者に対して「モノ言う」根拠ができた[43]のであり、その限りにおいては「上からの」株主反革命ともいえよう。ただし、現時点ではアクティビスト株主の経営参画による成功例[44]もあるものの、アクティビスト株主を引き入れた結果、過剰な株主の介入または株主間の意見の不一致で経営が混乱する東芝の現状[45]などを見ると、最適解に達するには、まだ経験と時間が必要であろう。

7. 最後に

　コードによって「声」を取り戻した株主も、スチュワードシップ原則に則った行動を取ることが求められているため、米国の1980～90年代におきた株主反革命のようなむき出しの株主至上主義の形を取ることはありえない。株主および経営者とも新しいステークホルダー資本主義のもとで、企業価値を高めつつ、SDGsに代表される社会的要請を満たすという、難しい課題をこなすことが求められている。過去の日本的経営モデル自体、限定的ではあっても、従業員および地域社会との共生という特徴が見られたことを踏まえて、日本の新しいコーポレートガバナンスを打ち立て、それに世界で評価を受けるという困難なアジェンダの実行が、経営者には求められている。

注
　1)　以後、本稿においては、閉鎖会社である財閥グループは例外として、日米ともにこのような会社／企業を対象として論ずる。
　2)　バーリ＝ミーンズ（1932）
　3)　チャンドラーによる「企業者企業」から、階層化された「経営者企業」への組織的変化説（チャンドラー・モデル）も同じ現象を捉えている。バーナム

が唱えた「経営者革命」論（1941）は、バーリ＝ミーンズとは異なる前提とロジックに基づくものであるが、論者によっては「株式会社革命」と厳密に区別されておらず、本稿においても企業の経営者支配成立の意味で使用する。これらの論における「革命」とは、単なる変化に留まらず、権力の奪取と移動に対するメタファーであろう。

4）Friedman（1970）、太田（2021）

5）Business Roundtable（2019）、Fink（2020）

6）1893年の旧商法での会社法施行までは、会社設立は特別立法または中央・地方政府による個別許可主義で、株主の有限責任も当然の理ではなかった（高村（1996）pp.47-59）。

7）石井（2012）p.314

8）森川（1991）p.15

9）橘川（1991）pp.220-223（森川英正説の紹介として「明治維新後における近代日本経営史の流れを貫く赤い一本の糸は、専門経営者の進出と制覇の過程」）

10）以後、財閥について言及する場合は、三井・三菱・住友の三大財閥を対象とする。

11）森川（1991）p.16

12）島田（2004）、片岡（1988）

13）石井（2012）p.150および高村（1996）pp.150-154。日銀も株式担保手形の再割引を行なって銀行の資金繰りを支えた。

14）岡崎・奥野（1993）、岡崎（1993）。それに対して、石井（2012）p.153および高村（1996）p.151は、むしろバックファイナンスの提供者と社債の主要投資家が銀行であったゆえに間接金融中心であるとするが、経営者からみて、株主が対峙すべき最重要ステークホルダーであった点に違いはない。

15）岡崎（1994）p.61 第1図

16）大企業の上位12位の大株主について、1919年には個人の割合が15.5％と首位であったのに対して、1937年になると金融機関と会社を合わせて27.6％と逆転し、この期間中に法人化が進んだ（武田（1995）p.86）。

17）石井（2012）p.160

18）岡崎（1999）pp.118-132、岡崎（1994）pp.65-66

19）2007年の独立した法典としての会社法成立までは、商法会社編と呼ぶのが正しいが、煩雑を避けるため、本稿では時期を問わず会社法典を関連法令をも含めて「会社法」という。

20）武田（2020）pp.230-239

21）日露戦争の戦費調達を目的として1905年に公布・施行されたが、恒久税制であった。

22）持株会社について、子会社（三井物産）による逆さ吸収合併（三井1940年）、

合資会社から株式会社への改組（住友1937年）、および株式公開（三菱1940年）といった、戦中に実施された、同族の支配を維持しつつも、節税や同族の税金支払原資捻出を図った活動（武田（2020）pp.320-330）。

23）既存財閥の態度。昭和期に勃興した重化学工業中心の新興コンツェルンは、むしろ業容拡大の機会ととらえた。

24）この時期に、銀行は企業への事業金融の与信審査体制を整え（岡崎（1994）p.77）、戦後につながるメインバンク・システムが成立した（寺西（1993）pp.71-78）。

25）武田（2020）pp.320-330

26）尾高（1993）pp.159-168

27）宮島（1995）pp.89-91

28）制度としては定着しなかったが、従業員の選挙で新社長を選んだ事例（住友生命、安田生命、三菱電機、大成建設）もあった（吉村（2012）pp.207-217）。

29）ただし、経済の本格的復興までは、企業は失った需要に見合わない復員者などの過剰労働力を抱えており、その後の先鋭化した労働組合との労働争議および経営権論争や第二組合結成などを経て初めて、労使協調体制が確立した。

30）米倉（1999）pp.180-198があげる川崎製鉄と西山弥太郎が好例。

31）宮島（1996）pp.56-59

32）旧財閥と金融機関グループ以外にも、製造業の取引系列でも、株式持合い構造が形成され、日本的経営モデルの重要な要素となった。

33）1965年の山陽特殊製鋼の粉飾決算と倒産、1976年のロッキード事件（丸紅・全日空）、1977年の安宅産業破綻、1979年のダグラス・グラマン事件（日商岩井）などが挙げられる。

34）ソニー株式会社（1997）、吉村（2012）pp.191-205

35）宮島（1996）p.59。ただし「上からの」という表現は、敗戦とそれに伴う劇的な外部環境変化を指すだけならばともかく、それに適応する経営モデルの形成に払われた企業関係者の試行錯誤の努力と工夫を過小評価するのであれば、適切ではない。

36）ただし、メインバンクは貸出金の回収可能性が低くなるほど企業の業績が悪化するまでは、強力に介入することはないため、経営効率性向上ガバナンス活動発動は後手となる。

37）岡崎・奥野（1993）p.2「現代日本の経済システム…を構成する重要なパーツの多くが、1930年代から40年代前半にかけての日本経済の重化学工業化と戦時経済化の過程で生まれた」、岡崎（1993）

38）野口（1995）

39）橋本（1996）p.54「要するに、日本的企業システムの「源流」を戦時期に求めるのは無理が多いと思われる」、山﨑（1995）p.66

40）日経平均株価は、1989年12月29日に史上最高値38957円をつけた後、リーマンショック後の2009年3月10日に7054円まで下落した。

41）海外のコーポレートガバナンス・コードの主たる目的が、経営者の暴走を防ぐ「守りのガバナンス」であるのと対照的であり、日本の現在の企業経営の問題点を表している（江頭（2016））。

42）橘川（1991）pp.225-226、および同（1992）pp.83-85は、執筆時期の制約もあって、株式持合いによって、日本では株主反革命は起こらなかったとし、むしろ米国での弊害を防止した株式持合いをポジティブに評価している。

43）日本経済新聞（2021/6/20）「気づけばアクティビスト天国 官製指針が後ろ盾に」

44）日本経済新聞（2021/1/29）「オリンパス再建に陰の主役 粉飾決算から10年の総決算」

45）日本経済新聞（2022/6/30）「東芝の統治混乱、定まらぬ針路」

参考文献

Business Roundtable（2019）"Statement on the Purpose of a Corporation" 2019/8/1

Fink, Larry（2020）"A Fundamental Reshaping of Finance" BlackRock, Inc.（https://www.blackrock.com/us/individual/larry-fink-ceo-letter）

Friedman, Milton（1970）"The Social Responsibility of Business is to Increase its Profits" The New York Times Magazine, 1970/9/13

ISABELNET（2022）"Ownership Breakdown of the U.S. Equity Market" https://www.isabelnet.com/ownership-breakdown-of-the-u-s-equity-market/（2022/9/27アクセス）

浅尾直弘（監修）住友資料館（編）（2013）『住友の歴史』（上・下巻）思文閣出版

石井寛治（2012）『日本の産業革命―日清・日露戦争から考える』講談社学術文庫

植田和男（1993）「金融システム・規制」（岡崎哲二・奥野正寛（編）『現代日本経済システムの源流』日本経済新聞社）

上村達男（1999）「占領と会社法改正―今日的意義」ジュリスト（有斐閣）（通号1155）1999/5/1 〜 15

梅津和郎（1978）『財閥解体』教育社歴史新書<122>

江頭憲治郎（1999）「企業の勃興から大企業時代への商法」ジュリスト（有斐閣）（通号1155）1999/5/1 〜 15

江頭憲治郎（2016）「コーポレート・ガバナンスの目的と手法」早稲田法学92巻1号

大杉謙一（2013）「コーポレートガバナンスと日本経済―モニタリング・モデル、金融危機、日本的経営―」日本銀行金融研究所 Discussion Paper No.2013-J-6

太田行信（2021）「フリードマン・ドクトリンの終焉：企業の存在意義の見直しと資本主義の再構築」昭和女子大学現代ビジネス研究所2020年度紀要 2021/3

岡崎哲二（1993）「企業システム」（岡崎哲二・奥野正寛（編）『現代日本経済システムの源流』前掲）

岡崎哲二（1994）「日本におけるコーポレート・ガバナンスの発展：歴史的パースペクティブ」日本銀行金融研究所「金融研究」第13巻第3号

岡崎哲二（1999）『持株会社の歴史—財閥と企業統治』筑摩書房（ちくま新書205）

岡崎哲二・奥野（藤原）正寛（1993）「現代日本の経済システムとその歴史的源流」（岡崎哲二・奥野正寛（編）『現代日本経済システムの源流』前掲）

奥野（藤原）正寛（1993）「現代日本の経済システム：その構造と変革の可能性」（岡崎哲二・奥野正寛（編）『現代日本経済システムの源流』前掲）

尾高煌之助（1993）「「日本的」労使関係」（岡崎哲二・奥野正寛（編）『現代日本経済システムの源流』前掲）

片岡豊（1998）「明治期における株主と株主総会—鉄道業の合併をめぐって—」経営史学　第23巻第2号

橘川武郎（1991）「戦後日本経営史研究の焦点—森川英正氏の所説の批判的継承をめざして—」（森川英正（編）『経営者企業の時代』有斐閣）

橘川武郎（1992）「企業集団の成立とその機能」（森川英正（編）『戦後経営史入門 財閥解体から国際化まで』日本経済新聞社）

島田唱和（2004）「戦前期における企業ガバナンスの一考察—株主総会を通じた渋沢栄一の役割分析—」文京学院大学経営論集 14（1）

ソニー株式会社（1997）「人事・機構改革グループ経営のための新経営体制の構築」（1997年5月22日プレスリリース）https://www.sony.com/ja/SonyInfo/News/Press_Archive/199705/97P-051/

高倉史人（2001）「昭和25年（1950）商法改正の意義と位置づけに関する一考察：株主の権利・地位の強化を中心に」国際公共政策研究6（1）

高倉史人（2005）「戦前の商法及び商法改正における株主権に関する一考察：株主権の変遷と立法・改正理由を中心に」高岡法学 24

高田晴仁（2021）『商法の源流と解釈』日本評論社

高村直助（1996）『会社の誕生』吉川弘文館歴史文化ライブラリー5

武田晴人（1995）「大企業の構造と財閥」（由井常彦他（編）『日本経営史3 大企業時代の到来』岩波書店）

武田晴人（2020）『財閥の時代』角川ソフィア文庫

寺西重郎（1993）「メインバンク・システム」（岡崎哲二・奥野正寛（編）『現代日本経済システムの源流』前掲）

栂井義雄（1978）『三井財閥史 大正・昭和編』教育社歴史新書<125>

中村隆英（2017）『日本の経済統制 戦時・戦後の経験と教訓』筑摩書房（ちくま学芸文庫）

日本経済新聞（2021/1/29）「オリンパス再建に陰の主役 粉飾決算から10年の総決算

オリンパス 茨の第2創業（上）」https://www.nikkei.com/article/DGXZQODZ1998J0Z-
10C21A1000000

日本経済新聞（2022/6/30）「東芝の統治混乱、定まらぬ針路 新議長は一枚岩に意欲」
https://www.nikkei.com/article/DGXZQOUC291G30Z20C22A6000000

日本経済新聞（2021/6/20）「気づけばアクティビスト天国 官製指針が後ろ盾に」
https://www.nikkei.com/article/DGXZQOUC085CB0Y1A600C2000000

野口悠紀雄（1995）『1940年体制 さらば「戦時経済」』東洋経済新報社

バーリ、A.A.・G.C.ミーンズ 森杲（訳）［バーリ＝ミーンズ（原著 1932年)］『現
代株式会社と私有財産』北海道大学出版会

橋本寿郎（1996）「企業システムの「発生」、「洗練」、「制度化」の論理」（橋本寿郎
（編）『日本企業システムの戦後史』東京大学出版会）

宮島英昭（1992）「「財界追放」と新経営者の登場」（森川英正（編）『戦後経営史入
門 財閥解体から国際化まで』前掲）

宮島英昭（1995）「専門経営者の制覇—日本型経営者企業の成立—」（山崎宏明他
（編）『日本経営史4「日本的」経営の連続と断絶』岩波書店）

宮島英昭（1996）「財界追放と経営者の選別」（橋本寿郎（編）『日本企業システム
の戦後史』前掲）

森川英正（1978）『日本財閥史』教育社歴史新書<123>

森川英正（1991）「なぜ経営者企業が発展するのか？—歴史的根拠についての一考
察—」（森川英正（編）『経営者企業の時代』前掲）

安岡重明（1990）『財閥の経営史—人物像と戦略—』社会思想社現代教養文庫1366

山崎宏明（1995）「概説 一九三七—五五年」（山崎宏明他（編）『日本経営史4「日本
的」経営の連続と断絶』前掲）

吉村典久（2012）『会社を支配するのは誰か』講談社選書メチエ

米倉誠一郎（1999）『経営革命の構造』岩波新書642

（おおた　ゆきのぶ／昭和女子大学）

国家主導資本主義システムにおける企業社会[1]

溝　端　佐登史

1．はじめに

　パンデミック、米中対立のなかで深刻なリスクにさらされてきたグローバリゼーションと世界経済は、ロシアのウクライナ侵攻によりそのリスクの度合いを一段と高めている。両国はグローバル・バリュー・チェーンの枠外に位置するように見えて、実際は深く統合されているからである（IMF, 2022, p.10）。「ウクライナ戦争」は戦後の国際秩序を根本から揺るがすとともに、権威主義体制が敵視されることで、国家が主導する資本主義システムのあり方そのものが問われている。

　デジタル化もまた社会経済のあり方に大きな変化を与え、人間の行動をデータ化し、それにより行動先物市場が取引の場となる監視資本主義を産み落とす。「監視資本主義は…社会規範を無視し、民主主義社会の構築に不可欠な個人の自律性と基本的権利を無効にしようとして」（ズボフ, 2021, p.12）ており、パンデミックはこの制御できない市場を強め、それに対する規制すら提起されている[2]。

　パンデミックも、国際政治体制、戦争も、市場の自由放任ではなく、国家の役割・介入そのものを重視する見方に光をあて、社会科学は市場の時代から国家の時代に移行したと言っても過言ではない（溝端，2021a）。経済制裁は国際的な対立において好んで講じられ、公的な制裁だけではなく私的制裁すら用いられている（溝端，2022a）。市場は政治化しているのである。経済安全保障が強調され、対象国のロシアや中国などの国家主導資本主義経済だけでなく、先進資本主義経済においても社会・経済領域の政治化は強まっている。企業社会は、国家との関係を抜きに存在しえない位

置にある。

　本稿は、主にロシアを対象として国家主導資本主義経済システムのとらえ方を検討したうえで、国家主導性の基盤、それにもとづき企業社会がどのように編成されているのかを明らかにする。それにより、逆説的であるが、ポピュリズムに揺れる先進諸国における憂鬱な民主主義のあり方と対照的に、権威主義体制における居心地の良さ、人々の支持が生ずる要因を検討する。

2. 国家主導資本主義をめぐる国際的論争

　2000年代のロシア経済の成長、中国の世界経済における位置、米中経済摩擦、そしてBRICSに示される新興市場経済大国の成長は、国家主導資本主義経済システムの持続性・成長をめぐる論争を世界的に展開する契機と位置付けられる。地政学からの接近がそれを牽引した。まさに先導役を果たしたBremmer（2010）は、地政学的観点から国家（主導）資本主義に注目し、「官僚が巧みに運営する資本主義、政府が主に政治上の利益を追求するために市場を主導する仕組み」（Bremmer, 2010, p. 23）と特徴づけ、さらにMilanovic（2019）は「政治的資本主義」を提起する。いずれもが国家主導資本主義に成長潜在力を見出すとともに、それをリベラルな資本主義と対照的な位置に置いている。

　リベラルと国家主導性の対抗という位置づけは、20－21世紀における資本主義の世界的な歴史的変動においても捉えられる。Nölke and May（2019）は、1900－1920年代リベラル資本主義、1930－1960年代組織された資本主義、1970－2000年代リベラル資本主義、そして2010年代以降の組織された資本主義の循環を重視している。

　国家が資本主義経済システムにおいて主導性を発揮するとしても、そこでの制度編成、国家とビジネス（企業）との関係（協力と対立）はそれぞれの国において異なる以上、資本主義多様性・比較資本主義の見方を拡張して 国家主導資本主義はそうした多様性の中のひとつのタイプととらえる「国家浸透資本主義」（state-permeated capitalism）の接近がある（Nölke et al., 2015; Nölke et al., 2020）。そこでは、国家が全権の存在になるわけではなく、国家とビジネスの連合における個人間の忠誠と信用にもとづく緊密な協力と競争が作動原理になる。制度基盤には企業統治と企業金融への強度の国家浸透、低コストかつ高い教育水準の労働力と引き上げられるイノベーション力が存している。

　国家主導性に注目して資本主義多様性を分析する接近として、Wright et al.（2021）がある。国家主導資本主義の規定要因は、政府の脅威（government threat: 国家が介入手段を用いる方法）、国有（state ownership: 国家の介入度）、国家主義（statism: 国家がビジネスとの経済取引に介入する能力）の3つからからなり、その基準から国家主導資本主義多様性を論じている。この接近に従えば、少なくともすべての資本主義経済システムが何らかの国家主導性を帯びた資本主義と位置付けることができ、その点では国家浸透資本主義を先進資本主義のモデルから分離して資本主義システムのひとつのタイプと限定するNölke et al.（2020）の接近とは区別される。3つの規定要因うち、政府の脅威はすべての経済システムに共通するが、所有権とビジネスへの介入度がそれぞれの型の決め手になることで、市場指向性の強いいわゆるリベラルな資本主義型から介入を基盤とする企業家・福祉国家型まで多様に分類される。本稿はロシアを中国あるいはインドとともに典型的な国家主導資本主義経済と捉えているが、分析対象となる国家主導性は資本主義システムに共通して存し、強まっていると解するWright et al（2021）に依拠している。

3. 国家を測る

　資本主義システムにおける国家の介入（公的支出）領域は拡張を続けてきた。外部性、独占など伝統的な「市場の失敗」領域に限定されず、国家は企業家として積極的に市場の保護者以上の役割を保持・拡大させており（Mazzucato, 2015）、それにとどまることなく気候変動・パンデミックや医療・年金など新しい公的支出拡張圧力もまた働いている（Robinson, 2020）。当然、国家主導資本主義においてこの拡張志向こそが経済システ

ムを特徴づけている。国家主導性を測定するうえで、本稿は3つの経済的基準、すなわち大きさ、強さ、深さに注目する。

　第1に、国家は大きい。大きさは、経済における国家の比重の大きさを指し、一方で国家財政規模、国家公務員規模、すなわち政府の大きさで、他方で国家の経済活動にあたる公的所有の大きさ、国家（関連）企業規模で測られる。第2に、国家は強い。強さは国家の社会に対する浸透強度を意味し、国家介入の頻度と強度、法制度・規制の強さ、介入のエンフォースメント、信頼性の強さがその度合いを示している。第3に、国家介入は深く、社会経済の深部にまで届く。この指標は、国家介入の浸透度・浸透領域の大きさに示される。国家は、公共性の強い、教育、医療・保健、労働、産業政策だけでなく、危機下の企業・国民からの期待によりその介入領域を拡大し、経済主体としての役割だけでなく、平等性を達成するために国家の再分配の役割を高める。国家とビジネスの相関関係もこれに含まれる。必ずしも一致するわけではないが、Wright et al.（2021）による国家資本主義多様性の概念化における3つの規定要因に従えば、大きさは国家所有、強さは政府の脅威、深さは国家主義と重なる。国家主導資本主義が政治上の利益を追求した国家の介入に依拠する以上、第3軸である浸透領域の深さがその規定要因ととらえることができる。

　伝統的に経済学では、図1のA−B軸で国家の大きさを主に考察してきたが、同時に市場の失敗に代表的であるが、A−D軸およびA−E軸においても国家の役割は独自に検討されてきた[3]。本稿は3つの軸の重なり、すなわちA−Gにおいて国家主導性をとらえる。ただし、3つの軸に沿った強い国家主導性は、必ずしも市場、市民社会領域を弱体化・縮小させるわけではない。市場の高質化（Yano, 2009; 2010）は、市場の質を高めるインフラストラクチャの存在・制度化を前提とし、それは国家による市場の制度基盤設計能力を指し示す。また、情報格差を補完する正の外部性として社会・市場の安定化には社会関係資本の充実（稲葉，2011）が必要になる。つまり、国家、市場、市民社会は相互に強める方向にも作用する。

　小さな政府ではなく、国家主導性が、「市場を修正するだけでなく、市場を共創し、形づくる」（Mazzucato, 2021, p.165）土台であるとすれば、

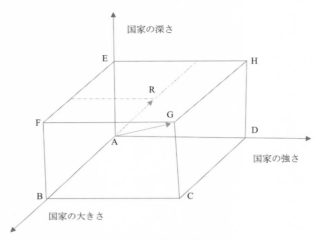

図1　国家主導性の基準

出所：著者

　国家こそが価値を生み出す企業家となり、そのリスクテイクに相応しいリターンを分配することで貧困や経済格差のような課題解決に立ち向かうことが可能となる。市民社会は市場と国家主導性を取り持つ。ゆえに、国家主導性が市場、社会に比して一方的に強くなる場合、市民社会、多様なステークホルダーが国家の影響を受け、また国家は特定のエリート集団の意思から自由ではないため、国家主導性は企業家として創造性を生み出すことに結び付かず、それゆえ課題解決に向けて国家の力を発揮できないことになる。国家を測定することで、国家主導性の多様性に接近することができる。

4.　ロシアの国家を測る

　ロシアや中国などの国家主導資本主義システムでは、その専制的な政治体制から、国家主導性の3つの基準はいずれも相対的に高いように見える。本稿では、ロシアを材料に国家の大きさの3つの基準を測定しよう（溝端, 2021b; 2022b を参照）。

　第1の国家の大きさは、プーチン体制の外見とは違い、ロシアにおいて異常肥大化しているわけではない。GDPに占める財政（歳出）規模も人口当たりの公務員規模も相対的には先進国の平均水準に近似しているか、それよりも小さい。それにもかかわらず国家セクターは大きく見える。公的セクター（国家が関与する経済領域）での就業比率、GDPに占める公的セクターの比重は、ドラスチックな民営化を経験したにもかかわらず大きい、あるいは拡大している[4]。とくに、国家参加企業の比重は2000年代に拡大しており、国家は管制高地というべきスタンスに立っている。

　第2の国家の強さも、正負両方の動きを観察することができる。概して言えば、国家（多様なレベルでの政府および国家関係組織）の市場・社会への介入頻度・強度は高く、法制度の整備にもそのことが明確に表れている[5]。ロシアにおける国家による経済介入は常態化しており、かつ多くの介入行為は法制化される。とりわけ安全保障領域はその強度を十分に示唆している。2014年の西側の経済制裁に対して、多種多様な産業政策が政策化・法制度化されたし、2022年のウクライナ侵攻に際しても言論統制（刑法改正）が短期間に制度化され、多くの対抗措置となる経済政策パッケージが採択された（kremlin.ru/events/president/news/68297）。

　それにもかかわらず、国家の強さは制限される。ロシアにおける法制度のエンフォースメント（実効性）は低く、法の侵害が生ずる。違法な企業乗っ取りと補償されない所有権を意味するレイドの存在（溝端, 2011）、非公式の人間関係のネットワークによる意思決定、世界的にみて深刻なレベルの汚職[6]の存在は、国家（官僚）の信頼性を失墜させるに十分な指標と言うことができる。逆説的であるが、ロシアにおける国家は見た目ほどには強くない。強い国家を目指すことで弱い国家がもたらされたのである（Taylor, 2018）。

　大きさと強さが明示的にロシアの国家主導性を特徴づけないとすれば、深さに目を向けよう。何よりも、ロシアにおいて国家自体が多様なステークホルダーを体現し、その浸透力を強める。国家は市場のプレーヤーのひとつであり、革新者、生産者であるとともに、消費者にもなり、政府調達を通して国家間取引（G2G）を構成する。国家機関・企業における入札規

模が大きいうえに、納入者が国家企業となるケース（政府機関間契約）が
それにあたる。表1のとおり、政府調達全体において、G2Gは少なく見積
もっても契約全体の4分の1以上を占めている（溝端, 2021b）。

　深さに関連して、国家による資源再分配は企業を支えるだけではなく、
社会の安定性にも寄与しており、ロシアの集権的な体制はこの安定性を抜
きに存在しえない。図2に示す通り、国家による社会統合は、財政的裏付
けにもとづいている。石油・天然ガス歳入（資源使用量・対外活動からの
収入分）に重きを置く財政こそが、この統合コストを負担しており、それ

表1　政府調達における国家企業の受注

	2012	2013	2014	2015	2016	2017	2018	2019
44-FZによる契約締結総額 （兆ルーブル）	5.9	6.3	6.0	5.5	5.4	6.3	6.9	8.2
総額に占める国家企業が 納入者の割合（%）	-	-	-	23	28	23	25	25

出所：Радченко и др., 2016, c.9; 2020, c.18.

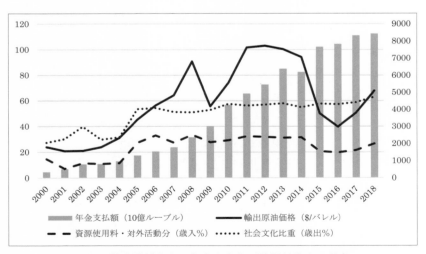

図2　社会関係歳出・年金支出と石油関係歳入の動向

注：年金支払額は右軸で、それ以外はすべて左軸。
出所：www.cbr.ru; www.minfin.ru

は油価の変動に過敏になる。そして、義務的支出項目と見なされる社会関係歳出は財政の主要歳出項目であり、2000年代に急増しており、かつ年金支出額も同時期に増加し、いずれも安定的に推移している。こうした支出による経済格差・貧困是正効果は大きい（表2）。これに従えば、年金世帯（高齢者層）こそが税による再分配の最大の受益者となり、他の家計タイプは負担者になる（Matytsin et al., 2019, c.9-10）。

　国家は、危機のたびにその浸透領域を深めていく。体制転換後の経済後退に際し、雇用維持のための諸施策がとられ、大量失業危機は回避された。1998年ロシア金融危機時には非常事態宣言を含めて経済生活への全面的介入がなされた。さらに、2008－2009年世界経済危機に際しても大規模な経済介入が実施された。2014年のクリミア併合とそれに伴う対ロ経済制裁・対抗制裁でも大規模な輸入代替化のためにあらゆる産業分野で産業政策が講じられ、新型コロナ感染症では国民生活・経済・産業・医療と広範囲にわたり国家は介入している。ワクチンの開発と接種促進を含む直接の保健・医療領域だけでなく、社会支援、納税、金融、旅行業、輸送など国家介入はきわめて多岐にわたる。そして、2022年2月24日のウクライナ侵攻に対する経済制裁に関しても、いち早く「制裁の条件下で経済安定性の向上と市民の支援に関する政府措置」を採択し、市民向けに20項目、ビジネス向けに73項目、システム全体に16項目の措置が決められている。とくに、雇用の確保や子供への補助を含め介入領域は著しく大き

表2　税・受益の所得再分配効果（2017年）

	原所得換算	可処分所得	可処分所得－年金	可処分所得＋社会保険料	可処分所得－ミーンズテストなき社会扶助	消費所得	可処分所得効果（%）
ジニ係数	0.496	0.348	0.476	0.352	0.356	0.355	29.8
貧困率（%）	34.0	14.7	39.3	11.0	16.8	21.1	56.8

　注：可処分所得は原所得マイナス直接税（直接受益）で間接税（補助金）は賦課されていない。
　　　消費所得は可処分所得マイナス間接税（間接受益）。
　出所：Matytsin et al., 2019, pp.9-10.

い（http://government.ru/sanctions_measures）。国家浸透領域は資本主義化が進めば進むほど、危機に直面すればするほど深くなっており、長期にわたり経済制裁下にあるロシアにおいては政府支援が常態化している[7]。

　コロナ禍での支援においてもっとも注目に値するのは、貧困対策に資する社会政策であろう。図3にあるように、貧困家庭向けの社会扶助がコロナ対策の中で拡大しており、とくに子供世帯を対象とした給付に傾斜していることが明らかになる。2020年の歳出総額は2019年の1.7倍、1兆ルーブル（対GDP比0.95%）にもなる。連邦政府レベルの歳出が拡大しており、2021年の子供世帯向けの支出はさらに大きくなっている（Овчарова и др., 2022, c.12）。

　こうして、大きさ、強さに不完全さを抱えるとしても、浸透度は著しく高いとすれば、図1に戻り、ロシアの国家はA－Rの方向に進化していると考えることができよう。

　もっとも、国家主導性の大きさは、国家の質の高さを意味しているわけではない。世界銀行のWorldwide Governance Indicators（WGI）も、ヨーテボリ大学（スウェーデン）のQOG（政府の質）研究所も、信頼のおける

図3　所得配慮型社会給付歳出構成（10億ルーブル）

出所：Овчарова и др., 2022, c.12

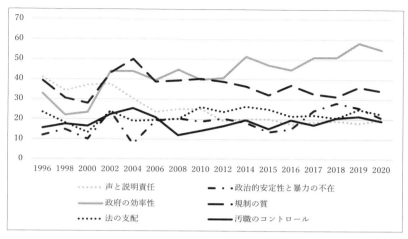

図4　ロシアにおける国家の質

注：調査対象全体の中での100分位ランク（0が最低位、100が最高位）。
出所：World Bank, Worldwide Governance Indicators（WGI）1996-2020. https://info.
　　worldbank.org/governance/wgi, 2021年12月10日アクセス。

公平かつ汚職のない制度、能力があり説明責任を有する国家制度に質の高さを見出している以上、ロシアは、中国とともに著しく低水準にあると言わざるを得ない（図4）。低質で浸透度の強い国家主導性が存しているのである。

5.　政治化・国家化する企業社会

　国家主導性はそれにかかわるプレーヤーの存在を前提にする。何よりも、支配エリートの利害こそが国家の側が介入するための原動力になる。政治と経済の両方で結びついた集団が「略奪のシステム」（kleptocratic system）を形成し、それを維持するために国家主導性を作り出すと見ることもできる（Åslund, 2019）。だがそれだけでは、国家主導性は安定しない。国民がそれを進んで受け入れるとすれば、国家による国民の買収、「暗黙の契約」が作用していると見ることができる。逆説的であるが、国家主導性の基盤には、低水準であったとしても国家の再分配政策、「体制

安定化政策」に満足する国民の価値観が存在している。

さらに、国家主導性はそれを支持するイデオロギー（制度）に支えられる。社会主義イデオロギーを喪失したロシアにとっては、ナショナリズムがその代替物となる。歴史における第二次世界大戦での勝利や宇宙開発などの遺産、さらにはスターリン下の工業化すら、ナショナリズムを強めるイデオロギーと化する。経済制裁が戦争と理解される社会の中では（Васильева, Насыпова, 2016; Медведев, 2016）、政治的ナショナリズムも、経済的愛国主義も社会に浸透しやすく、かつそれは国民の価値観に親和的になる。もっとも、経済的愛国主義自体はロシアや中国などの国家主導資本主義よりもむしろ、先進資本主義諸国においてこそ妥当する（Clift, 2019）。さらに、世界経済フォーラム（World Economic Forum, 2022）によると、パンデミックは外国人・グローバル化に対する規制・壁をもたらし、かつ宇宙計画のような国家の野心もまた国家のイデオロギーを強める。

それゆえに、国家主導資本主義経済の企業社会は政治化・国家化を強める。そもそも経済制裁を受けている、あるいは課している市場が自由放任として機能しえないし、強い経済力・競争力を確保するうえで国家介入は正当化される。「経済制裁は、アメリカやEU好みの外交政策ツールになり…2006年から2014年に実効性のある制裁件数はほぼ2倍になり」（Davydov et al., 2021, p.31）、SWIFT（国際銀行間通信協会）からの締め出しを含め、ロシアのウクライナ侵攻に対する多種多様な経済制裁は自ずと国家の強い手を要求する。経済安全保障もまた、パンデミック対応に促され、国際的な経済競争力が重視されることで当該国に特有の領域が含まれ、かつその領域は広がっている（中村, 2020）。外国投資政策において、自由化ではなく制限・規制の方向に介入が強まり（UNCTAD, 2021）、OECDは新興国が安全保障上のリスクをもたらしているとし、安全保障関連業種への投資規制を容認している（https://www.oecd.org/Investment/OECD-Acquisition-ownership-policies-security-May2020.pdf、2021年5月25日アクセス）。さらに、米中対立、ロシアの戦争は、先進諸国での国家介入に反応することにより、政治化を一層強めている。すなわち、先進諸国における安全保障に傾斜した経済政策と政治化・国家化は、対象となる中

国、ロシアにおける政策にも反映し、両者は相互に共鳴する。

　ロシアでは、政治化・国家化が、2003年のユコス事件以降強まっている。とくに2008 - 2009年世界経済危機および2014年クリミア併合に伴う経済制裁がそれを一層強めた。反汚職政策の実施、危機における政策の不透明さに対し租税回避など経営者への責任追及の圧力、そして外国エージェント法に代表的だが国民の不満への力による圧力がその背後にある（Yakovlev, 2015, pp.70-71）。具体的には、支配外国会社法によりロシア企業の多国籍化・オフショア規制が行われ、イノベーションにおいても国家はデジタル化を軸にしてその主導性を強めた（Mizobata, 2020）。こうした政治化・国家化は、経済制裁への対応として様々な産業政策、新型コロナ感染症対策のための諸措置・多種多様な補助金、ウクライナ侵攻に対する対応、さらには地球環境問題をはじめとするグローバル・リスクに対しても観察することができる。

6.　企業社会による国家主導性の受容

　体制転換後市民社会がカオス状況にあったロシアでは、プーチン政権において国家統合化が強められ、政治的抵抗の形での市民の行動は強権によって抑えられてきた。政府は公的に、ロシアが社会国家であることを強調するが、人権、ジェンダー問題や地域コミュニティなどは必ずしも政策に投影しているわけではない。国家は市民社会への支配力を強めるとともに、国民統合のためにイデオロギーの強化を展開してきた。歴史的経路依存性からロシア市民社会は自由ではなかった（Beris Jr., 2021）。

　しかし、国家主導資本主義の政治体制が権威主義あるいは専制化することで社会が窒息するわけではない。正確ではないという評価を含むのだが、ウクライナ侵攻のロシアにおけるプーチン大統領の支持率の高さと安定性はその一端を指し示している。国家の浸透領域の拡張は、年金あるいは地方への財政移転によって経済格差、貧困度を是正しており、重層的な子供手当の支給もまた安心の源泉になる。それにとどまらず、国家は、体制転換の開始以来、職・給付・現物サービスなどでセーフティネットの提

供にも貢献してきた。すなわち、1990年代の市場経済化が必ずしも社会に平等性をもたらさず格差拡大を引き起こした点、企業社会のセーフティネット機能を国家が代わって果たしている点を考慮すれば、ロシアは「居心地の良い権威主義体制」ということができる。国家に依存する「公務員」規模の拡大は、首切りの恐怖を取り除き、安定性を享受することが可能となることで、専制下であってもよりよい経済条件を期待する中間層の創出に貢献する（Rosenfeld, 2021, p.19）。実際、実質賃金と消費水準は2000年代以降油価の変動にかかわりなく上昇を続けており、企業（経営者）の賃金未払などが生じた場合の社会的責任は市場（企業）ではなく国家に求められてきた（溝端, 2010）。この社会・国家関係において、国家部門就労中間層は単純な市場支持行動ではなく、体制順応的行動をとる（Rosenfeld, 2021, pp.121-128）ことで、社会が国家に適合する。企業社会は国家との間で摩擦と適合性の両方を内包しているのである。

　ただし、CSDR（2020）が取りまとめたロシアのSDGs実施に関する市民社会報告書によると、政府の行動は矛盾に満ちている。国家によるSDGs投資は国家財政の中で後回しにされるにもかかわらず、国家は非政府機関と社会的責任を共有するように、中央・地方政府からの社会団体向け財政支援を拡大している。政府は自身が持つ多くの機能を社会団体に委譲するが、過度の支配力も発揮し、人権や環境組織には厳しい。社会の側もSDGsに対する認識は低く、たとえ認識が深まっても政府の支援する領域以外への支援は小さく、国家に支配されたNGO化が進行している。その結果、廃棄物リサイクルや気候変動問題に関して、社会の果たす役割は大きいことと対照的に、人権や公正さに関しては、社会は国家から強い制約を受けている[8]。

　Miller（2018, pp.111-113）は2000年代以降の経済成長により、プーチン政権は新しい社会契約（実質賃金の引き上げと強力な年金引き上げ）を推し進めたと見なしており、実際に労働生産性を大きく上回る高い水準の実質賃金の伸びが観察される。さらに、労働市場に注目すれば、ロシアには絶えず危機吸収力、スタビライザーが働く。危機に陥れば、賃金を弾力化させることで雇用を維持し、実際2020年のパンデミック期の経済低下規

模に比して雇用縮小幅は半分にも満たない（Капелюшников, 2022）。権威
主義の居心地の良さは、「幸福な監視国家」（梶谷・高口，2019）とさえ特
徴づけるデジタル化する中国にも見出すことができよう。新しい社会契約
が国家主導資本主義経済において制度化されているのである。

　国家主導性を安定して維持するには、社会契約を履行する、あるいは政
府により国民を「買収する」ための資源の持続性が不可欠となる。国家主
導資本主義において成長指向が強い、あるいは成長源泉に国家がセンシ
ティブである理由はここにあり、中国もロシアも経済成長を背景に国家主
導性を発揮している。イノベーションは不可欠の課題に位置付けられ、そ
のことが国際経済において摩擦をもたらすのも当然の結果とさえ言えよ
う。もっとも、経済成長の維持はそれほど容易なことではない。ロシアは
ウクライナ侵攻で資源輸出に制約がかかっているが、代替する成長源泉が
生み出されず、かつ温暖化問題のなかで主力のエネルギー自体が長期的に
成長源泉とは言えそうもない。そのうえ、人口減少が労働人口の縮小に直
結する限り、それもまた危機要因と見なすことができる。ロシアについて
みれば、図5に示した通り、体制転換後著しい人口の自然減に見舞われて
いたが、その後経済変動に呼応するように回復し、2012－2016年に出生
率が死亡率を上回って安定化していた。それにもかかわらず、その後再び
人口減に入り、少なくともコロナ禍とウクライナ侵攻は人口流出も手伝っ
て、人口減をさらに悪化させていると考えられ、このことは社会契約を満
たすだけの経済力の危機を示唆する。同様の事情は中国にも考えられ、出
生率の低下と高齢化は制約条件になりうる。

　成長・収入に限界があるとすれば当然、国家主導性に不可欠な国家と国
民との「暗黙の社会契約」を維持するうえでの、コスト削減が求められ
る。年金を含めて財政による再分配がその内容である以上、現状を前提に
する限り、対象者数に相当する年金受給者（高齢者）数、貧困者数を核と
する再分配受給者数の増大、端的に言えば少子高齢化と、経済格差、貧困
規模は国家主導性の持続にとって最大の危機要因になる。既存の対象者
数（コスト）は減じそうもないうえに、デジタル化に伴い、新しいコスト
負担も生じうる。図6は、ロシアにおける自動化に伴い職の喪失リスクの

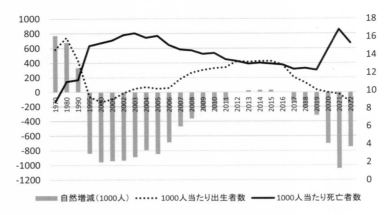

図5　ロシアにおける人口変動

注：2022年は1-5月の値で年間分に換算している。出生率と死亡率は右軸、
　　自然増減は左軸で1000人。
出所：Федеральная служба государственной статистики, https://rosstat.gov.ru/
　　2022年7月10日アクセス。

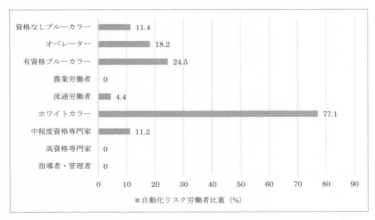

図6　自動化に伴うリスクの大きい職にある労働者比重（%）

出所：Гимпельсон и Капелюшников, 2022, c.83.

高い労働者の比重を指している。新たな貧困のリスクは大きい。普通の生
活をおくるうえでの最低限の安心と安全を内容とする「新しい社会契約」
（Shafik, 2022）の維持コストの大きさと、それをカバーするだけの原資の

大きさを比べると、ロシアにおける国家主導性の持続性には大きな壁が待ち受けていると思われる。

7. おわりに

　世界大で資本主義を捉えるとき、リベラル資本主義と政治的資本主義への収束の可能性がある（Milanovic, 2019）。もっとも、前者は国家を著しく小さくする方向で発展してきたわけではなかった。事実は逆である。Robinson（2020）は小さな政府の終焉を強調し、Blanchard and Rodrik（2021, p.xiii）は「政府が、生活水準の格差解消にもっと強い直接的な役割を果たさなければならない。経済学者の議論の内容は大きく様変わりした」とさえ言い切る。新型コロナ感染症とロシアのウクライナ侵攻という戦後世界システムそのものの転換を迫る事態に至って、大きな政府の傾向はより強まっており、もはや国家、政府の役割を考えずに、21世紀の経済システムは展望できなくなっていると言って過言ではない。それだけ公共性を帯びた経済領域が拡張しているのであり、それが資本主義の企業経営において自身の存続の条件となっている。

　本稿でとりあげた、ロシアを材料にした国家主導資本主義の生態に関する検討は、「権威主義体制対民主主義」では測ることができない国家主導性の「深さ」を明らかにしている。単純に国家が大きく強いのではなく、国家の質が低いにもかかわらずその浸透領域が拡張し、それは社会を買収するに十分な力を発揮している。しかも、世界的に経済的愛国心を背景に国家主導性が強まることで、浸透領域はさらに拡張をとげ、権威主義体制下の居心地の良ささえもたらしている。もっとも、この経済システムの維持には著しく大きいコストがかかり、かつパンデミックと戦争という現下の危機の中でそのコストが膨張しているとすれば、国家主導性と企業社会との間に摩擦が強まるリスクもまた無視できない。それゆえ、国家主導資本主義では、新しい社会契約をどのように設計するのか、それをどのように負担するのかが避けられない課題となる。

1) 討論者の岩﨑一郎会員（一橋大学経済研究所）より丁寧かつ貴重なコメント を頂戴した。国家主導性の測定基準やその作動継続性などは、今後さらに深め るべき論点と考えている。記して感謝申し上げたい。本稿は溝端編（2022b）の 序章と終章をもとにした日本比較経営学会での報告原稿を加筆・補正している。
2) 例えば、ギャロウェイ（2018）はGAFAへの規制と強力な政府の役割を提起 しており、ズボフ（2021）も監視資本主義の自由制限を主張する。
3) 例えば、法と経済学（矢野編, 2007）はA－D軸での試みで、資源配分・所 得分配を対象とする公共経済学はA－E軸での試みと考える。
4) データの出所により異なるが、GDPの33%（2016年、IMF）から、70%（2016 年、反独占庁）まで多様に評価されているが、総じて2000年代のプーチン体制 下で規模の拡大が指摘されている（溝端, 2021a）。
5) 世界銀行におけるDoing business rankingに関しても、大統領令に依拠して整 備が進められたと考えると、市場経済そのものが国家の強い介入の上に存して いると解されよう。
6) Transparency Internationalにおける2021年のCorruption Perceptions Indexではロ シアは180カ国中136位の水準である。
7) 経済制裁のロシアへの影響に関しては、溝端（2022a）を参照されたい。
8) 「ロシア市民は政府の行動への不信のために地域でのいかなる廃棄物管理施 設の設置にも抵抗している。概して、社会には新しい廃棄物管理システムへの 不信、廃棄物改革が失敗したというコンセンサス、さらには透明性とコミュ ニケーションの欠如から悪化さえしているという認識がある」（CSDR, 2020, p.72）。また、2019年11月の調査では、70%が気候変動問題を認知しており、 35%がそれを現実の脅威と受け止めている（CSDR, 2020, p.78）。

参考文献

稲葉陽二（2011）『ソーシャル・キャピタル入門－孤立から絆へ』中公新書。

梶谷懐・高口康太（2019）『幸福な監視国家・中国』NHK出版。

ギャロウェイ，スコット（2018）『the four GAFA　四騎士が創り変えた世界』渡会圭 子訳、東洋経済新報社。

ズボフ，ショシャナ（2021）『監視資本主義－人類の未来を賭けた闘い』野中香方 子訳、東洋経済新報社。

中村直貴（2020）「経済安全保障－概念の再定義と一貫した政策体系の構築に向け て－」『立法と調査』No.428、2020. 10、118-131ページ。

溝端佐登史（2010）「成長と危機のなかのロシア企業社会－新興市場と比較企業研 究－」『比較企業研究』（日本比較経営学会）第34号、20-41ページ。

溝端佐登史（2011）「終章ロシア経済の行方」吉井昌彦・溝端佐登史編『現代ロシア

経済論』ミネルヴァ書房、259-267ページ。

溝端佐登史（2021a）『現代比較経済学序説－市場の経済学から国家の経済学へ』京都大学経済研究所研究会報告集、2021年3月14日。

溝端佐登史（2021b）「ロシアから見た体制転換と国家浸透経済」池本修一編『体制転換における国家と市場の相克：ロシア、中国、中欧』日本評論社、47-79ページ。

溝端佐登史（2022a）「戦争とグローバル化のロシア経済」『世界経済評論』2022年11月・12月号、50-61ページ。

溝端佐登史編（2022b）『国家主導資本主義の経済学－国家は資本主義を救えるのか?』文眞堂。

矢野誠編（2007）『法と経済学　市場の質と日本経済』東京大学出版会。

Åslund, Anders（2019）*Russia's Crony Capitalism: The Path from Market Economy to Kleptocracy*, Yale University Press.

Beris Jr., Robert（2021）Civil society in Russia: It role under an authoritarian regime, Part I: The nature of Russian civil society, *NTI paper*, July 13 2021.

Blanchard, Olivier and Rodrik, Dani（2021）*Combating Inequality: Rethinking Government's Role*, The MIT Press Cambridge, Massachusetts, London, England.（オリヴィエ・ブランシャール／ダニ・ロドリック編『格差と闘え－政府の役割を再検討する』月谷真紀訳、吉原直毅解説、慶應義塾大学出版会、2022年）

Bremmer, Ian（2010）*The End of the Free Market: Who Wins the War Between States and Corporations?*, Portfolio/Penguin.（イアン・ブレマー『自由市場の終焉－国家資本主義とどう闘うか』有賀裕子訳、日本経済新聞出版社、2011年）

Clift, Ben（2019）Economic patriotism, the politics of market-making, and the role of the state in twenty-first-century capitalism, Tamás Geröcs and Miklós Szanyi eds., *Market Liberalism and Economic Patriotism in the Capitalist World-System*, Palgrave-macmillan, pp.9-20.

Coalition for Sustainable Development of Russia（CSDR）（2020）*2020-2030: Decade of Action in Russia Challenges and Solutions*, Moscow, p.125.

Davydov, Denis, Sihvonen Jukka and Solanko Laura（2021）Who cares about sanctions? Observations from annual reports of European firms, *BOFIT Discussion Papers*, 5, 2021, pp.1-35.

International Monetary Fund（IMF）（2022）*World Economic Outlook: War Sets Back the Global Recovery*, April 2022, Washington.

Matytsin, Mikhail, Popova, Daria and Freije, Samuel（2019）RUSMOD: A Tool for Distributional Analysis in the Russian Federation, *Policy Research Working Paper* 8994, World Bank Group Poverty and Equity Global Practice, September 2019, pp.1-47.

Mazzucato, Mariana（2015）*The Entrepreneurial State: Debunking Public vs. Private Sector Myths*, PublicAffairs, New York.

Mazzucato, Mariana（2021）*Mission Economy: A Moonshot Guide to Changing Capitalism*, HarperCollins, New York.（マリアナ・マッツカート『ミッション・エコノミー』関美和・鈴木絵里子訳、ニューズピックス、2021年）

Milanovic Branko（2019）*Capitalism, Alone: The Future of the System That Rules the World*, The Belknap Press of Harvard University Press, Cambridge, Massachusetts, London, England.（ブランコ・ミラノヴィッチ『資本主義だけ残った－世界を制するシステムの未来』西川美樹訳、みすず書房、2021年）

Miller, Chris（2018）*Putinomics: Power and Money in Resurgent Russia*, The University of North Carolina Press.

Mizobata, Satoshi（2020）State-led innovation and uneven adaptation in Russia, Steven Rosefielde ed., *Putin's Russia: Economy, Defense and Foreign Policy*, World Scientific.

Nölke, Andreas, ten Brink, Tobias, Claar, Simone and May Christian（2015）Domestic structures, foreign economic policies and global economic order: Implications from the rise of large emerging economies, *European Journal of International Relations*, Vol.21（3）, pp. 538-567.

Nölke, Andreas, ten Brink, Tobias, May Christian and Claar, Simone（2020）*State-permeated Capitalism in Large Emerging Economies*, Routledge.

Nölke, Andreas and May Christian（2019）Liberal versus organized capitalism: A historical-comparative perspective, Geröcs T., Szanyi M. eds., *Market Liberalism and Economic Patriotism in the Capitalist World-System. International Political Economy Series,* Palgrave Macmillan, Cham, pp.21-42.

Robinson, Marc（2020）*Bigger Government: The Future Of Government Expenditure in Advanced Economies*, Arolla Press（マーク・ロビンソン『政府は巨大化する－小さな政府の終焉』月谷真紀訳、日本経済新聞出版、2022年）

Rosenfeld, Bryn（2021）*The Autocratic Middle Class: How State Dependency Reduces the demand for Democracy*, Princeton University Press.

Shafik Minouche（2022）*What We Owe Each Other: A New Social Contract,* Vintage, UK.

Taylor, Brian D.（2018）*The Code of Putinism,* Oxford University Press.

UNCTAD（2021）*World Investment Report 2021: Investing in Sustainable Recovery.*

World Economic Forum（2022）*The Global Risks Report 2022.*

Wright, Mike, Geoffrey Wood, Aldo Musacchio, Ilya Okhmatovskiy, Anna Grosman and Jonathan P. Doh（2021）State capitalism in international context: Varieties and variations, *Journal of World Business,* 56, 101160: 1-16

Yakovlev, Andrei（2015）State-business relations in Russia after 2011: ‘New Deal’ or imitation of changes?, Susanne Oxenstierna ed., *The Challenges for Russia's Politicized Economic System, Routledge*, Oxon and New York: pp.59-76.

Yano, Makoto（2009）The foundation of market quality economics, *Japanese Economic Re-*

view, 60（1）: pp.1-31.

Yano, Makoto（2010）The 2008 world financial crisis and market quality theory, The Earth Institute at Columbia University and the Massachusetts Institute of Technology, *Asian Economic Paper*, 9:3: pp.172-192.

Васильева Ю. П., Насыпова Д.Т.（2016）Экономический рост в России, *Нефтегазовое дело*, №2, с.279-291.

Гимпельсон В.Е. и Капелюшников, Р.И.（2022）Рутинность и риски автоматизации на российском рынке труда, *Вопросы экономики,* №8, с.68-94.

Капелюшников, Р.И.（2022）Анатомия коронакризиса через призму рынка труда, *Вопросы экономики,* №2, с.33-68.

Медведев Д.（2016）Социально-экономическое развитие России: обретение новой динамики, *Вопросы экономики*, №10, с.5-30.

Овчарова Л.Н., Синявская О.В., Бирюкова С.С., Горина Е.А., Нагерняк М.А., и Пишняк А.И.（2022）Социальная защита в России: развилки будущего, *Вопросы экономики*, №8, с.5-31.

Радченко Т., Сухорукова К., Паршина Е., Волков А.（2016）Государственное участие в российской экономике: госкомпания, закупки, приватизация, *Бюллетень о развитии конкуренции, Аналитический центр при правительстве российской федерации*, №13, март 2016.

（みぞばた　さとし／京都大学・立命館大学）

まちづくり会社・株式会社パッチワーク AKIHAの設立・現状・課題

馬　場　一　也

村　山　和　恵

富　樫　幸　一（コメント）

1．株式会社パッチワークAKIHAの概要

　新潟市秋葉区（旧・新津市）は歴史や自然環境をはじめとした資源に恵まれた地域であり、様々な可能性を秘めたエリアである。2021年4月に設立された株式会社パッチワークAKIHAは、「まちづくり」をミッションとしている。地域の有志が集まった100％民間出資の会社であるという点が、他の地方都市にあるまちづくり会社とは異なる部分である。また、それぞれが異なる分野での本業を持ちながら関わっているメンバーで構成されている点も多様性がありユニークな点である。それらのメンバーを核として、地域の宝を結びつけることで魅力的な地域づくりをしていくことを"パッチワーク"になぞらえて企業名としている。

　企業理念である「ひとが針と糸となり、この地にある資源を縫い合わせることで、1枚の"気づきの布"という作品を創る」には、株式会社パッチワークAKIHAの事業に関わる者は自らが針と糸として個性の違うエリアや人といった地域資源（布のピース）を率先して縫い合わせることにより、より魅力的な1枚の布を創り上げるという想いが込められている。

　会社設立に至る経緯については、地域には魅力的な場所や人など多くの資源があるにも関わらず、それらを結びつける人や場所がないことが課題

であると考え、それを創っていこうというのが背景となっている。地域における課題をクリアーしながら、それをビジネスにつなげていくということを前提に、まちづくりや地域活性化を目指す組織である。新潟市秋葉区は2005年に新潟市と合併してから17年が経過するが、宿泊施設がないというのも地域における一つの課題であった。それらも含めて事業として手掛けることを計画している。

　会社の資本や組織であるが、当初は1200万円の資本金を募り設立されたが、2期目を迎えた今年度、さらに出資者も加わったことで増資となり、1750万円の資本金で運営をしている。代表取締役社長のほか、農業経営者、ダンサー、大学教員など3人の取締役、監査役員1人の体制となっている。

　設立したばかりの会社であるため、現在は創業期から成長期にさしかかった段階であるが、今後は、地域にある大学の学生たちともつながりながら商品開発や地域ブランディングを進めていくことも視野に入れて、食、住、体験、教育・芸術の分野が好循環で巡るということを考えると同時に、出資者に対しての利益も考えながら企業活動を進めていく。

　以上が会社の紹介である。これまでの具体的な活動は取締役村山が紹介するとおりであるが、「ひと・もの・こと」の掛け合わせを行うことによって、地域活性化につながっていくものと考えている。

2．株式会社パッチワークAKIHA設立から
これまでに行われてきた取り組み

（1）コミュニティ・イベント「AKIHA Patchwork Day」

　単なる地域イベントではなく、新潟市秋葉区に住み、活動するひとが自然・文化・歴史・食を繋ぎ合わせ地域の魅力を体験する"コミュニティ・イベント"である。

　第1回目は2022年の3月に実施した。JR新津駅から徒歩圏内にある中央公園を中心とし、近隣の古民家（八帖二間という名前の施設）や商店街の空き店舗を会場としている。この中央公園は地域住民の憩いの場となっているが、昔新津の市役所があった場所でもあるため、古くから地域に親し

んでいる人々にとっても思い出深い場所である。

　会社に関わるメンバーが中心となり、様々なコンテンツを組み合わせ、地域を楽しめるよう工夫が凝らされている。具体的なコンテンツは以下に紹介するとおりである。

＜中央公園エリア＞
・和太鼓と地域で活躍するダンサーのコラボレーションパフォーマンス
・地域の子どもたちによるキッズダンスの披露
・地域のカフェを含む飲食ブース
＜古民家（八帖二間）エリア＞
・地域農家による土づくりワークショップ
・秋葉区の日本酒を提供する地酒カフェ
・おかえり鮭弁当
・呉服屋若旦那による地域の歴史講演
・地域の祭囃子に関わる人向け篠笛指導＆ミニコンサート
＜商店街エリア＞
・専門スタッフ案内による空き店舗巡りツアー
・秋葉区で出店を検討しているキャンドル作家によるキャンドルワークショップ

　このほか、公園のブースなどには地域で不要になったノボリや旗などをつなぎ合わせて、パッチワークをつくり、幌として活用するなど、目に見えるものそれぞれのディテールにも"パッチワーク"を表現することを意識したつくりにするなどの工夫を行った。

　また、イベントに際して、事前にSNSやフライヤーなどで情報公開をしていたことなどが功を奏し、コロナ禍であったにも関わらず、中央公園を中心とした賑わいが創出でき、地域住民をメインターゲットとして考えたイベントであったが、区外からも来場があった。来場者も楽しんでいただけたのではないかという手応えとともに、イベントに関わるスタッフにおいても同様に楽しめるイベントとなり1回目を終了したが、第2回目は

2022年6月に実施することが決定している。1回目ではイベントを実施するのみで手一杯であったため、来場者数や売上等々のデータを取りきれなかったが、今後はそれらを残して共有し、イベント実施の際に検討材料として活用できるようにと考えている。

（2）古民家リノベーション

　新潟県では古くから石油を産出しており、明治時代に入ると全国有数の産油県となった。特に、日本一の産油量を誇った新津油田のある新潟市秋葉区は「石油の里」として知られている。そのような秋葉区において、かつて石油で財を成した家系がいくつも存在する。その中の一つが秋葉区のシンボル的存在でもある里山「秋葉山」の麓にある「乙女坂」の登り口に立地する大谷家である。こちらの住人であった方がご高齢で屋敷を維持管理するのが困難であるなどの理由から手放した屋敷を会社で取得し、ゲストハウスを含め多目的に使用できる機能を備えた施設として生まれ変わらせるべく整備等を行っている。現在はスタッフ募集を行っている状況にある。

　さて、古民家は立地ということに加えて、いつも坂の上に向かい、向上していたいという想いから古民家を「SLOPE HOUSE」と名付けた。こちらは、地域の魅力を体験する宿として、以下を目的としている。
　・「忘れると、無くなってしまうもの」を次の世代につなぐ。
　・地域の伝統的な在来野菜・果実、里山を活用する術などの魅力を掘り起こし、磨き上げ、体験できる仕組みを創ることで、地域の魅力を最大化する。
　・体験プログラムを通して、地域食材の可能性を高める。
　・農業者×料理人、芸術家×商店街、福祉作業所×大学等など様々な関係構築によって、地域資源を磨き続ける。
　「SLOPE HOUSE」の強みとしては、古民家の趣や、周辺に競合施設がないこと、市街地にも里山にもアクセスが容易であることが挙げられるが、一方でどっちつかずの立地であることや、新潟市中心部への移動が容易であること、周辺に強力な誘客要因がないなどの課題もある。

以上のことから、宿泊したいと思ってもらえるだけの理由や、どのような価値を生み出せるかを検討し、地域の有形無形の資源と結びつけた体験コンテンツの創出が必要となっている。

3．報告へのコメント（富樫幸一）

　新潟市の秋葉区の報告を聞いたが、同じように岐阜市でも2021年12月に株式会社「岐阜まち家守」を発足させたばかりであったので、比較も含めて興味深く聞かせていただいた。こうした動きは全国でも「同時多発」的な流れとなっている。

　広域合併をして政令指定都市になった新潟市に対して、岐阜市では一部の合併はあったものの、人口も40万人を切ってきて、バブル期以降の柳ケ瀬などの中心商店街の衰退や、駅前のアパレル問屋町、観光の目玉であった鵜飼の衰退は著しかった。岐阜大学地域科学部は全国でも「地域」の名を付けた最初の学部の一つであり、1999年に地元地銀の十六銀行との「活性化研究会」の発足、2001年の「ぎふまちづくりセンター」のスタート（〜2015年）と、地域との連携を図りながら取り組みを続けてきた。学生との実習調査をベースにしながら『人口減少時代の地方都市再生－岐阜市にみるサステナブルなまちづくり－』（2008）を出版しているが、2004〜5年の産廃不法投棄事件や、名鉄市内線の廃止などさまざまな問題にも直面してきた。最近では、柳ケ瀬のサンデービルジングマーケットや、川原町などの歴史的な町並みの保存とリノベーションによる活用、NPO（DMO）を中心とした観光まちづくりの「長良川おんぱく：まいまい東海」など、新たなまちづくりも広がってきている。

　新潟の報告へのコメントとしては、第一に、まちづくりを行う会社として、出資、事業計画としては多岐にわたっているようであったが、事業収入、費用の面ではどのように考えられているのか、ということである。われわれの場合もそうだが、人件費はパートなどで抑制しつつ、空き家の賃貸・リノベーション費用の上で、サブリースから売上を確保しようとしており、すでに地ビールが営業を始めている。

　また、広域的な合併を行った新潟市では「分権型協働都市」を掲げて、政令市なので区自治協議会や、小学校区でのまちづくりに取り組まれていると聞いているが、行政との協働体制はどうかという点である。また、新潟薬科大学の積極的な地域連携の報告を受けたが、さらに高校や小中学校との連携も考えられるだろう。これについて、行政からの補助金や融資もあるし、農宿などの事業も考えているとのことであった。まちづくり協議会にも参加し、区や商工会議所、商店街との連携も行われている。

　第二に理論的な側面であるが、要旨では大企業・多国籍企業の変化や、SDGs、脱炭素さらには「土着化」といった論点が示されているのだが、ポランニやグラノベッターなどの地域に「埋め込む」といった視点をどのように捉えているのだろうか。「埋め込み」も実感としてはされており、鉄道と音楽、缶バッジづくりなど、実践しながら試行錯誤している。議論としてはE.フロムの“to have”から“to be”へに関心が向いているとのことだった。こちらのまちづくりでも、地元の関係者や寺院など、信頼関係がすでにあったことがベースとなっている。

　第三に、東京集中がコロナ禍で抑制されているが、「フラット化する世界」（T.フリードマン）といった議論がすでに行われてきている。新潟県でも村上市や新潟市の古町などでのまちづくりの情報も聞いているし、岐阜市とのつながりもこれまで行われてきた。同時多発、広域交流といった面は、こうした中でも可能性がでてきているだろう。

　コロナ後、オンラインの普及、県外からの定住、交流人口が拡大している。地元の価値が再認識されて、マイクロツーリズムにも言及された。

（ばば　かずや／株式会社パッチワークAKIHA・代表取締役）
（むらやま　かずえ／株式会社パッチワークAKIHA・取締役
／新潟青陵大学短期大学部）
（とがし　こういち／岐阜大学地域科学部名誉教授）

ドイツ産業合理化運動史

——国際比較と歴史比較の視点に基づく
ワイマール期、ナチス期の合理化運動、
第2次大戦後の生産性向上運動の分析——

山　崎　敏　夫

1.　問題の所在

　第1次大戦後の主要資本主義国において「産業合理化」という名称のもとに経済再建の課題を担って合理化運動が展開された。相対的安定期（1924-29年）におけるドイツの合理化運動がその典型的事例をなす。大戦の敗北、ヴェルサイユ条約による過大な負担、ワイマール体制下の労資の同権化の確立、未曾有のインフレーションによる国内市場の著しい狭隘化などの深刻な状況のもとに、本来個別企業レベルの問題である合理化が全産業的・国民経済的次元で取り上げられ、「国民運動」として国家の関与と労使協調路線のもとで展開された。ナチス期には、軍備拡張と厳しい労働統制のもとで、ファシズム体制下の合理化運動が推進された。第2次大戦後になると、アメリカの世界戦略のもとで、生産性向上運動が同国の主導と援助のもとに、国際的に展開された。

　本稿では、これら3つの時期に共通する「産業合理化」が第2次大戦前には「合理化運動」として、戦後には「生産性向上運動」の形態で展開されたことに着目し、その変容のもつ世界資本主義的な意義、ドイツ資本主義にとっての意義の解明を試みる。そのさい、歴史的比較と国際比較の視点から分析を行うが、これら2つの比較研究の視角の設定は、各時期の歴

史的条件に規定された産業合理化の展開とその特徴という点の把握の重要性、合理化の展開にとって重要な意味をもつ経営方式や技術の創出・開発におけるアメリカの大きな役割・主導性という点に基づくものである。また歴史的比較においては、戦後の生産性向上運動とその後の過程においてアメリカの技術と経営方式の導入のなかで、その修正・適応をはかりながらドイツにとっての輸出市場の中核である欧州市場の特質により適合的な経営の全体的なシステムが形成されたことは、現在のドイツ経済にも受け継がれている同国企業の「強み」の構築とどのような関連がみられるのか、戦前の合理化、経営の展開はそのこととどのようにかかわっているのかという点が、重要な問題となってくる。

　ドイツにおけるこれら3つの時期の運動の取り組みをめぐっては、①各時期の運動の歴史的条件と課題、②アメリカとの経済関係、国際協調体制、③アメリカからの経営方式の導入・移転の影響、④運動の組織性、⑤「ヨーロッパ」という地域的条件との関連、⑥アメリカの19世紀末から20世紀初頭の「能率増進運動」と科学的工場管理（論）の形成・発展との関連、⑦第2次大戦後の生産性本部の活動と生産性向上運動の課題という点での総合的企業管理あるいは総合的企業管理論の発展との関連、⑧企業経営の価値規準としての経営観と経済合理性の追求、その特徴という点が重要な問題となる。アメリカとの国際比較という点では、④から⑧の5つの側面が取り上げられるが、そのことは、産業合理化運動における国家の役割と労使協調路線の重要性、ドイツ企業にとっての欧州という地域市場の意義の大きさ、アメリカ流の「能率」原理に基づく経営・管理という特徴とその影響、「運動」としての合理化の組織的展開における生産性本部の役割、各国の経営の特質・独自性と深く関係する価値規準のあり方の重要性によるものである。

　本稿では、歴史的比較と国際比較の視点からドイツにおけるワイマール期、ナチス期の合理化運動、第2次大戦後の生産性向上運動の特徴、企業経営の変化および資本主義経済の再建・発展におけるこれらの運動の意義の解明を試みる。これまでの研究では、個々の時期の分析はみられるが、これら3つの時期をトータルに分析した研究はみられず[1]、「産業合理化運

動」という現象のもつ意義を世界資本主義、ドイツ資本主義の歴史的発展のなかで明らかにするという重要な課題については、研究上の大きな空白部分となってきた。本稿の目的は、歴史貫通的な視点とアメリカとの比較の視点からドイツ資本主義経済の特質と同国の企業経営の特徴を明らかにすることにある。

2. ワイマール期、ナチス期の合理化運動、第2次大戦後の生産性向上運動の歴史的条件と課題

　世界資本主義の歴史的条件では、ワイマール期には、社会主義国ソビエトの誕生による影響、市場問題の激化、イギリスからアメリカへの覇権国の交替、フランス主導の対ドイツ「懲罰政策」からアメリカ主導の「許容と緩和」の政策への転換（ドーズ・プランの展開）、資本主義圏における国際協調の環の弱さという点がみられる。世界恐慌期には主要国による経済のブロック化とそれによる市場の一層の閉塞化がみられた。ナチス期には、ファシズム体制の成立による世界資本主義の不安定性、資本主義経済の国際協調の後退がみられた。

　第2次大戦後には、社会主義圏の拡大、アメリカの経済力の圧倒的優位、同国主導の国際協調体制（自由貿易体制と国際通貨体制）およびそれに基づく市場と資本の世界的連鎖の創出、労資の同権化による市場基盤の整備、各国の経済復興のためのアメリカによる開発援助（マーシャル・プラン）が特徴的である。資本主義国の経済復興のための具体策としての生産性向上運動では、新しい価値を教えることによるアメリカの文化の輸出が意図されていた[2]。「生産性」という概念は、狭い意味では新しい生産技術や経営技術の利用による1人当たり・時間ないし年当たりの生産増大をさすが、広い意味では、生産、企業における人間関係、消費に対する態度といった考え方をも含んでいた[3]。生産性向上運動は、欧州のビジネスリーダーたちを大量生産と大量消費のアメリカの信条へと転換させる試みであった[4]。一方、欧州の側のアメリカ化の主要な理由は、アメリカの生産性と繁栄へのキャッチアップにあった[5]。

　またドイツ資本主義の歴史的条件では、ワイマール期にはヴェルサイユ

条約による制約（植民地の喪失、領土割譲、巨額の賠償金支払など）、ド
イツ革命流産の対価である労資の同権化（賃金の下方硬直化傾向）、未曾
有のインフレーションによる国内市場の著しい狭隘化、資本不足と資本
コストの負担[6]、自由労働組合の生産力主義的な考え方に基づく「経済民
主主義論」[7] による労使協調という点に特徴がみられる。ナチス期には、
1933年からの第1次4ヵ年計画の公共事業による経済再建、36年からの第
2次4ヵ年計画による軍需市場の拡大、39年からの戦争経済、ナチスの「指
導者原理」・労働組合の解体による労働統制がみられた。

　戦後には、占領政策による大企業の解体、社会的市場経済の原理による
経済秩序の確立、共同決定制度による労使関係の枠組みという点に変化が
みられる。ワイマール期と戦後の時期には国民経済の復興とそのための輸
出の増進が主要課題とされたが、戦後には生活水準向上も重要な課題とさ
れ[8]、それは政府の経済政策的方策のひとつと位置づけられた[9]。

3. アメリカとの経済関係、国際協調体制の影響

　つぎに、アメリカとの経済関係、国際協調体制の影響をみると、ワイ
マール期にはドーズ・プランによる資本援助はドイツ1国のみを対象とし
たものであり、資本援助に限定された民間資本を主体とする援助であっ
た[10]。その展開は、①資本主義体制の維持、②イギリス、フランスに対す
るアメリカの戦時債権の回収問題[11]、③資本不足の顕著なドイツの高い利
子率[12] というアメリカの政治的・経済的意図のもとに展開された。また
援助の条件として、合理化の展開とドイツの金本位制への復帰が課せら
れ[13]、後者は、世界恐慌期のデフレ政策という国家の経済政策にみられる
ように制約的条件を形成した。一方、ナチス期には、ファシズム体制のも
とで各国との協調的な経済関係は後退する傾向にあった。

　戦後には、西側ドイツは、欧州における反共の巨頭保として、また欧州
の経済復興のエンジン[14] として位置づけられたほか、マーシャル・プラ
ンのもとで、その援助を受ける欧州諸国の市場の解放が求められる[15] とともに、アメリカによる欧州市場へのドイツの組み込みが追求された[16]。1950年

代に入ってからの数年間に、マーシャル・プラン諸国のなかでも、ドイツは資本主義的合理化の中心地とされ[17]、生産性向上運動の展開における欧州の重要な国のひとつと位置づけられた[18]。欧州諸国への支援、ドーズ・プランとは異なる公的資金を主体とするアメリカの資本援助[19]が展開され、技術援助計画によるアメリカの技術と経営方式の学習の制度的枠組み（A企画：アメリカへの研究旅行、B企画：欧州へのアメリカ人専門家の招聘、C企画：欧州内での経験交流）が築かれた[20]。技術援助計画は、アメリカが経営方式をも含む広い意味での生産性の技術をヨーロッパ社会に注入することによって資本援助の効果をより高めることを意図していた[21]。

4. アメリカからの経営方式の導入・移転

アメリカからの経営方式の導入・移転では、ワイマール期にはテイラー・システムに対してはなお労働側の反対もあり、ドイツ独自のレファ・システムに修正され[22]、20世紀初頭からの導入の限界を経て、テイラー・システムは1920年代の相対的安定期に普及するに至った[23]。フォード・システムの導入では、国内市場の狭隘性と輸出市場における諸困難のもとで、①アメリカよりも少ない生産量のもとでの量産効果の確保と製品間の需要変動に対する生産のフレキシビリティの確保をめざした大量生産方式の試み、②アメリカの自動車企業よりも上級の市場セグメントに重点をおいた、労働者の熟練・技能と柔軟性にも依拠した「フレキシブルな品質重視の生産構想」の展開（ダイムラー・ベンツの事例）、③自動車の大量生産の限界による国民経済への波及効果の制約という点に特徴がみられる[24]。

ナチス期には、国家機関・半国家機関の関与によるレファ・システムの一層の普及[25]、時間研究から作業研究へのレファの活動の拡大[26]という点に特徴がみられる。しかし、国家の重視する産業と他の部門とでは導入・普及に格差がみられた[27]。レファ・システムによる社会調和的な「経営共同体」の実現が追求され[28]、ナチスの労働統制の強化のもとで、「中立性」・「客観性」の確保というレファの目標から遠ざかることになった[29]。

また軍需市場の拡大のもとでフォード・システム導入による大量生産が推進されたが、定型の多様性、軍備計画の頻繁な変更にともなう需要の変動、短い納期などの市場の制約のもとで、1920年代と同様に生産のフレキシビリティの確保が追求されざるをえなかった[30]。

　戦後にはアメリカ的経営方式の影響は一層強まり、①管理システム・生産システム（ＩＥ、統計的品質管理、ヒューマン・リレーションズ、フォード・システム）、②経営者教育・管理者教育、③大量市場への対応・適応策（マーケティング、PR）、④事業部制組織の4つの主要領域を中心に導入がすすんだ[31]。20世紀初頭の企業経営の「アメリカ化」の第1の波（テイラー・システムの導入）、1920年代の第2の波（テイラー・システムとフォード・システムの導入）と比べると、70年代初頭までの戦後の時期に導入された経営方式の範囲も種類も多岐におよんだ。戦前の市場の制約的条件は克服されたが、ドイツ的条件、輸出市場の中核をなす欧州の条件に合わせた修正・適合・適応による「再構造化」がはかられた。それは消極的適応ではなく自国の条件へのより適合的な積極的適応であり、アメリカとドイツの経営方式の諸要素の革新的なハイブリッド化と特徴づけられる[32]。

5.　各時期の合理化運動、生産性向上運動の組織性の比較

　また各時期の運動の組織性という点では、ワイマール期には、経済再建を目標として、国家の関与と労働側の協調というかたちで合理化が国民運動として全産業的次元・国民経済的次元でも追求されたが、戦後のようなアメリカ主導の展開ではなかった。ナチス期には、軍備拡大という国家的課題を担った運動として、ファシズム国家による労働統制（労働組合の解体と「指導者原理」による労働者の資本への服従の強制）のもとで合理化が組織的に推進された。合理化促進・支援機関の役割を果たしたのはドイツ経済性本部であったが、政治化されたこの機関はナチスの経済政策の実施に積極的に協力した[33]。

　戦後には、マーシャル・プランの「技術援助計画」によるアメリカの技

術と経営方式の学習・導入の制度的枠組が重要な役割を果たし、生産性向上運動は、同国の統一的指導のもとに推進された総合的な体制的運動となった[34]。このような高い組織性は、①アメリカ技術援助・生産性プログラムによる支援的枠組み、②援助体制のヨーロッパ的枠組み、③各国生産性本部の設置、④国家の関与、⑤労働側・労働組合の関与という点にみられる。

アメリカ技術援助・生産性プログラムは、同国の技術と経営の移転によるヨーロッパ産業の生産性向上という目標を具体的に推進するためのものであり[35]、各国の生産性本部と協力して財政的援助とノウハウの提供による生産と生産性の増進をはかることを狙いとしていた[36]。支援の欧州的枠組みとして、同地域の統括的センターとしてヨーロッパ生産性本部が設置された。同本部の創出による生産性向上運動の国際的展開は、生産性の向上と欧州の統合の促進というアメリカの政策の2つの主要目標の具体化であった[37]。この組織は、多くのプロジェクトによるアメリカの生産性モデルの欧州への普及を目的として設置され[38]、同国の経営モデルの移転のための触媒・促進者として機能した[39]。この機関は、①OEEC諸国へのアメリカの援助の経路、②OEECの業務部門、③加盟国の情報交流機関、④各国の生産性本部の連合という4つの機能を有していたが、当初から、企業経営の改善の努力が主要な役割を果たした[40]。同本部は、主として、各国の生産性本部のもとで遂行される産業の援助プログラムの拡大の調整に責任を負い[41]、アメリカの技術、ノウハウ、アイデアを西欧に移転する手段としても計画された[42]。合理化促進・支援のための中核的機関である生産性本部の役割を担ったドイツ経済合理化協議会（RKW）は、戦前のドイツ経済性本部に前進をもち、1950年に経済界、労働組合、行政の関与のもとに設立されたものである[43]。

国家の関与という点では、国民経済の成果の向上や生活水準の一層の向上、世界市場におけるドイツ経済の競争力の維持のための合理化や生産性の向上の助成・促進は、連邦政府の経済政策的方策のひとつの主要な要点であり[44]、生産性向上運動への国家の関与は、一種の経済政策的な意義をもった。また合理化の成功や効率的な展開のためには、経済全体の諸要因

への注意と社会政策的要素の配慮が必要とされ、合理化は経済政策・社会政策の一部にもなった[45]。合理化促進・支援機関への国家の関与という点も重要であるが、RKWの組織運営において国家から構成メンバーが出ており、人的な関与のもとに協力関係が築かれていた[46]。RKWは、経済省ととくに緊密な協力を結んでいたほか、生産性本部の問題ではマーシャル・プラン省と、またその他の専門的な問題ではしかるべき他の省庁ともそのつど特別な協力関係を結んでいた。地方のレベルでみても、同様のことがRKWの地域グループと州の官庁との関係にいえる[47]。生産性本部への国家の関与・協力は財政面にもみられ、RKWの資金調達は主に公的資金から行われていた[48]。政府は、RKWの財政資金のうち1951/52年度にはほぼ100％、52/53年度には96％、57/58年度には約80％の関与を行っていた[49]。1959/60年度の予算をみても、総額の88.2％が連邦資金によるものであった[50]。1963/64年度のRKWの報告でも、同機関は大きな財政的支援を連邦と州に負っており、そうした支援は合理化の効果の発揮に大きく寄与したと指摘されている[51]。

　労働側・労働組合の関与も生産性向上運動の組織性の高さを示すものである。それは、①生産性向上による成果のより大きな恩恵への労働側の期待、②合理化促進・支援機関への労働組合の関与・協力、③生産性向上運動の思想的カンパニアによる労働組合の協調的関与にみられ、労働組合が公式に生産性本部の担い手となったという点が、戦前との本質的な相違をなす[52]。合理化促進・支援機関への労働組合の関与はRKWのみならずレファにおいてもみられた[53]。ただ労働組合の代表者の影響力は大きくはなく、RKWの場合では、例えば1953年の時点で9人を擁するその理事会に2人の労働組合の代表者が加わっているにすぎず、その決定における影響力は小さかった[54]。労働組合の協調的な立場は思想面にもみられる。生産性向上運動への労働組合幹部の参加はすべて経済復興のためとして正当化された[55]。労働組合の組織的・積極的な関与は、生産性向上運動が経済再建と労働者の生活水準の向上の手段でもあるという思想的カンパニアを支える役割を果たした。労働組合側の立場は、「生産性とはより良い生活をすることである」とするK．ヘルミッシュの啓蒙パンフレットの標語[56]

に一致している。戦前とは比べものにならないほどに大規模な思想的・社会的カンパニアが行われたという点に、戦後の重要な特徴がみられる[57]。

6. 「ヨーロッパ」という地域的条件との関連

また「ヨーロッパ」という地域的条件との関連では、ワイマール期には、第1次大戦後の不安定化という点に表れた「ヨーロッパ問題」のなかで、合理化運動はドイツの賠償支払いの履行の条件として重要な意味をもった。この運動の主たる目的のひとつは輸出増進にあったが、第2次大戦後とは異なる国際協調の環の弱さのもとで、欧州がドイツの輸出の約3分の2を占めていた[58]にもかかわらず、同地域を企業と資本主義の蓄積構造に生かすことはできなかった。戦前期のドイツ資本主義の特殊性は、生産力と市場との間の不均衡というかたちで市場問題に集約的に現れ、そのことが、企業経営の展開、生産力発展の最大の隘路をなした。植民地経済圏による閉鎖的な貿易関係、ヨーロッパレベルでの各国の保護主義的政策、世界恐慌後の経済のブロック化の動きなど、市場面での世界的な政策的対応の欠如にみられる国際協調体制の弱さのもとで、輸出市場の閉塞性によって再生産構造の限界性が規定されていた。ナチス期には、合理化の展開は、軍備拡張と広域経済圏構想による東ヨーロッパへの経済圏の拡大、輸出の増大にとっても重要な意味をもった。

第2次大戦後には、資本主義陣営の維持・強化というアメリカの世界戦略のもとで、「ヨーロッパの安定化と迅速な経済復興」という課題を担って生産性向上運動が国際的に展開された。マーシャル・プランによる支援の枠組と生産性向上運動への参加によって、ドイツの国際市場、ことに欧州市場への復帰が促進され[59]、輸出市場の中核としての同地域の重要性が一層増大するなかで、欧州はドイツ資本主義の蓄積構造・再生産構造の要となった。

7. アメリカの能率増進運動、科学的工場管理（論）の
形成・発展との合理化運動・生産性向上運動の関連

　つぎに、19世紀末から20世紀初頭のアメリカにおける能率増進運動、
科学的工場管理（論）の形成・発展と合理化運動、生産性向上運動の関連
については、アメリカ流のプラグマティズムのもとでの「能率向上」原理
の重視、その追求の手段としての能率増進運動の展開、科学的工場管理お
よびその理論（アメリカ経営管理学の生成）という点に、同国の特徴がみ
られる。アメリカでは、「能率」向上の主要な手段として標準化と専門化
が重視され徹底される傾向にあり、科学的管理法は、労働時間と生産物と
の間に内在する「社会的労働の合理的配置の原則」に基づいて標準作業量
（課業）の設定を実現し[60]、管理の基礎を築いた。

　ドイツでは、テイラー・システムは、ワイマール期にはレファ・システ
ムへの修正によって定着し、能率向上のためのその原理が適用され、計画
と執行の分離が実現された。ナチス期には時間研究から作業研究へとレ
ファの活動が拡大するなかで、分業と協業の組織化についての原理の適用
範囲が拡大した。しかし、第2次大戦後においても能率原理の重視・徹底
はアメリカのようにはみられず、この点は、アメリカの経営方式の導入、
生産性向上運動のあり方とも深く関係している。アメリカ流の徹底した能
率原理ではなく技術・品質・生産重視の経営観が強く作用してきた[61]。そ
れは、ドイツおよび輸出の中核をなす欧州市場の特質にあわせたものであ
り、経営の価値規準としてアメリカ的経営方式の修正・適合・適応の過程
である再構造化のあり方を規定する重要な要因をなした。この点は、市場
の制約的条件に規定された戦前期の企業経営のアメリカ化との重要な相違
である。

8. 第2次大戦後の生産性本部の活動と
総合的企業管理（論）の発展との関連

　戦後の生産性本部の活動と総合的企業管理（論）の発展との関連では、
ドイツの生産性本部の活動は、①合理化思考・知識の普及・促進、②さま
ざまな合理化努力の調整、③経験交流の促進、④アメリカへの研究旅行の

組織と報告書の出版、⑤同国の専門家の招聘などにあった[62]。生産性向上のための可能性を経済のあらゆる層に知らしめるという主要な任務[63]は、アメリカ流の「能率原理」の普及のための活動と深く関連している。1950年の設立からの最初の10年間におけるRKWのあらゆる活動は、徐々に西ヨーロッパの経済の主流になったアメリカの「精神」によって特徴づけられるものであった[64]。

アメリカで展開されてきた総合的企業管理は、まず1920年代から30年代の本社管理機構における全般的管理機能の重要性の増大と強化にみられた。計画・決定・指揮は経営執行委員会によって担当される一方で、計画・立案・統制やサービス諸活動はスタッフ部門によって担われるライン・スタッフ型管理組織によるトップ・マネジメントの確立がみられた。こうして、「専門化」の原理に基づく個別的・社会的労働力の最強度の支出が可能となり、企業全体の規模での計画・統制と執行の分離がはかられた。このような全般的管理の展開のもとで、組織＝管理論は、初めて本格的に企業の全般的管理構造を扱うようになった[65]。

戦後のアメリカにおいては、全般的管理の組織構造として事業部制が普及し、投下資本利益率の手法を利用した利益計画と予算統制のシステムに基づく管理方式が展開された。そこでは、「①決定された政策や目標の実現のための組織活動を構成するシステムとプロセスの説明、②原価分析、収益予測、売上高予測、価格決定など将来にわたる可能性の分析の技法の開発と精緻化への要請」という2つが、問題領域をなした[66]。

生産性本部は生産性向上運動の課題との関連で総合的企業管理、総合的企業管理論の発展とどのように関係していたのかという点についてみると、ドイツでは、生産性の補助金のプログラムが終了した1960年以降には、技術と経営経済の合理化の問題が再び前面に出てきた。一層の労働力不足による生産の自動化の加速にともない資本の投下が増大するなかで、計画の最適化の必要性が増大し、生産性本部の活動の重点は、「企業管理の手段としての計画化」へと変化した[67]。1960年にはこのテーマのプロジェクトがスタートし、必要なデータの組織的な利用にともないスタッフ部門の設置がすすみ、ライン・スタッフ型管理組織が普及した。1966年

にはRKWは、企業の計画化への長期的な従事の終了を示す「管理マップ」を発行しているが、企業の計画化ではとくに中小経営が中心をなし、とくにこれらの企業に迅速かつ合理的に計画するためのデータを提供した[68]。企業全体の計画化が重要な問題となったという点はアメリカと共通しており、同国の影響も大きかった。しかし、ドイツで事業部制の普及が進むのは1960年代後半以降のことであり[69]、時期的な遅れもあり、生産性向上運動の時期には、アメリカのような事業部制の導入のもとでの利益計画と予算統制のシステムに基づく総合的企業管理＝全般的管理の展開とは異なった状況となっている。

9. 各国の企業経営の価値規準としての
経営観と経済合理性の追求

　つぎに、企業経営の価値規準である経営観と経済合理性の追求をめぐる問題をみると、経営の指導原理ないし価値規準として「能率原理」を第一義的なものとして優先するかどうかという問題は、各国の経済合理性の追求のあり方と深く関連している。この問題は、日米独の企業経営のあり方や上記の7.および8.での点をめぐって底流に流れている経営学史と国際比較経営学の主要論点を考える上で重要な手がかりになりうるものである。

　アメリカでは、自由競争のもとでの能率向上による経済合理性が経営の原理として重視されてきた。市場の機能を信じ、競争が生む革新と創造性、それらの恩恵を最大限に享受することが重視されている。プラグマティズムに基づく経営観が根底にあり、「能率向上」という原理が歴史的にも重要視されてきた。

　これに対して、ドイツでは、経営者や労働者の間でもアメリカやイギリスのようには市場メカニズムの有効性を信じない傾向にあり[70]、「社会的合理性」の観点が重視されてきた。それは、主体間の調整を重視した合理性であり、社会的市場経済の原理、セイフティネットの機能をもつ共同決定制度、「産業と銀行の関係」に基づく利害調整機能などにみられ、企業経営と資本主義を支える基本的原理の重要な部分をなしてきた。そこでは、長期的な利益の配慮と社会共同体としての企業の優先が重視される[71]

とともに、製造業に国際競争力部門をもつという産業構造的特質のもとで、技術・品質・生産重視の経営観が企業経営の中核的な価値規準となってきた。

一方、日本では、濃密な人的関係への依存が労働者間や企業間、企業と労働者の間の協調へと導く傾向にある。こうした集団主義に基づく経済合理性の重視は企業の長期志向の傾向とも深く関係しており、利益極大化よりは市場シェア重視の経営観が普及してきた。ドイツにおいてよりは能率向上という価値規準が重視されながらも、それはアメリカとは異なる経営観である。

これら3つの国における企業経営の価値規準としての経営観と経済合理性の追求のあり方は、経営行動の特質と深く関係するものである。例えばプラグマティズムに基づく価値規準が伝統的に重視されてきたアメリカ、利子生み資本としての金融的利得の獲得や資本市場指向の経営に大きな価値規準をおくアメリカやイギリスに対して、ドイツを含む大陸欧州や日本では、そのような価値規準が第一義的に重視されているというわけではない。こうした価値規準の違いは、生産や技術、品質を重視するか、より直接的に利益に結びつきやすいマーケティング的方策、短期的な利益や金融利得の獲得により大きな価値をおくかという点において、企業行動におよぼす影響は大きい。しかし、経営観は、たんに文化一般という問題ではなく、企業がターゲットとする市場の構造的特質と深くかかわっている。例えばある国や地域の市場が製品の品質や機能を重視する傾向が強い場合には、技術や機能、生産の面での価値や差別化が重視されることも多い。ドイツ企業の技術・品質・生産重視の経営観は、ことに機能面での品質が重視されるという欧州市場の特質を反映したものであり、輸出の中核的位置を占める同地域の市場構造により適合的なものとして維持されてきた。

また、本稿で分析した3つの時期の合理化運動、生産性向上運動の基底をなす価値規準は、「能率」あるいは「生産性」である。それらは、工場における生産における投入と成果との関係のように、経済社会全体よりはむしろその部分的な領域という観点での成果にかかわる概念としての性格をもつ。合理化が「運動」として組織性をもって展開される場合でも、そ

の舞台は企業そのものである。その意味では、「能率」あるいは「生産性」という用語で示される概念・価値規準は企業に焦点をあてたものであり、アメリカ的な「資本の合理性」という観点でのそれであるという面が強い。ドイツにおける「社会的合理性」という観点は、工場における生産の部面や組織の内部に限定されない広く社会経済全般に関係する概念としての性格をもつ「経済性」という価値規準の重視を意味しており、経済社会という点からみると、いわば全体志向の能率という点が重視されている[72]。

10. 結論：本稿の理論的含意

最後に、これまでの分析から得られる含意を明らかにすることにしよう。ワイマール期とナチス期の比較では、後者の時期には国家による労働統制のもとでの軍備の拡大をめざした組織的な取り組みという点に合理化の特徴がみられた。ナチス期の合理化は、大量生産体制が実現されることができなかったワイマール期の限界の克服を試みるものであり、「連続性」がみられる。それは、レファ・システムの一層の展開（時間研究から作業研究への拡大）、フォード・システムの軍需関連部門への強力な拡大などにみられる。しかし、経済の軍事化、戦争経済という特質に規定されて、国家による重点産業の合理化の促進、大量生産の推進の一方で重要視されない部門との差異にみられる産業統制的性格、労働統制など、ワイマール期には経済再建の課題のもとに全産業的・国民経済的次元で合理化が問題とされ、労資協調路線のもとに合理化運動が展開されたのとは大きく異なっている。各種の統制的な政策が展開される一方で、厳しい労働統制は、企業に対して合理化を展開する余地を高めた。

またドイツ資本主義とそのもとでの企業経営の比較という点でみると、戦後の生産性向上運動の意義は、技術援助計画によるアメリカの技術、経営方式の学習・導入の制度的な枠組の創出による比類ない条件の整備という点にとどまらず、欧州諸国の市場開放をとおして市場基盤の整備がすすみ、同地域の市場と経済関係へのドイツの組む込みがはかられたという点にもある。このことが、主要国の労資の同権化による市場基盤の整備とそ

のことによる欧州での輸出市場の拡大、自由貿易と通貨体制の両面での国際的な経済システムの創出とあいあまって、戦後の経済再建の大きな基盤を築いた。こうした市場基盤の創出のもとでこそ、生産性向上運動による生産力の増大が大きな成果をあげることができた。戦後の東西対立の構図のなかでの資本主義圏の経済の復興・発展、それによるアメリカの輸出のための市場の確保[73] という同国の世界戦略は、このような欧州を基盤とした国際協調体制の環というキー要因を媒介として展開され、戦前の制約的条件からの打開が可能となった。

　戦後には、市場の世界的連鎖の関係が生み出されるなかで、生産性向上運動とその後の過程におけるアメリカの技術と経営方式の導入のなかで、アメリカ化しなかった部分を多分に組み込んだかたちでの「再構造化」がすすんだ。徹底した標準化原理に基づく量産効果の発揮を基礎にした生産力、企業経営のシステムが基調をなすアメリカとは異なるかたちで、輸出市場の中核である欧州市場の機能面での品質重視という特性により適合的なドイツ的なシステムの構築がはかられ、製品差別化と品質競争への傾斜、それに基づく国際競争力の構築が追求された。それは、現在のドイツ経済にも受け継がれている「強み」を築く過程でもあった。こうした展開には、ドイツの職業教育制度や専門技能資格制度の役割、共同決定制度による高コスト構造のもとでの労働者の職業訓練投資の促進、日本の多能工的な熟練・技能とは異なる専門家的なそれの育成と役割が深く関係しており、制度補完性が強く作用したのであった。

注
　1)　ワイマール期のドイツの合理化運動については、山崎敏夫『ヴァイマル期ドイツ合理化運動の展開』森山書店、2001年、吉田和夫『ドイツ合理化運動論』ミネルヴァ書房、1976年、T.v.Freyberg, *Industrielle Rationalisierung in der Weimarer Republik*, Frankfurt am Main, New York, 1989, R.A, Brady, *The Rationalization Movement in German Industry*, Berkeley, California, 1933 などを参照。ナチス期の合理化運動については、山崎敏夫『ナチス期ドイツ合理化運動の展開』森山書店、2001年、T.Siegel, T.v. Freyberg, *Industrielle Rationalisierung unter dem Nationalsozialismus*, Frankfurt am Main, New York, 1991 などを参照。第2次大戦後のドイツの生産性向上運動については、山崎敏夫『戦後ドイツ資本主義と企業経

営』森山書店、2009年、C.Kleinschmidt, *Der produktive Blick*, Berlin, 2002などを参照。

2）H.G.Schröter, *Americanization of the European Economy*, Dordrecht, 2005, p.54.

3）D.Barjot, Introduction, D.Barjot（ed.）, *Catching up with America*, Paris, 2002, p.48.

4）M.Kipping, Importing'American Ideas to West Germany, 1940s to 1970s, A.Kudo, M.Kipping, H.G.Schröter（eds.）, *German and Japanese Business in the Boom Years*, London, New York, 2004, p.32.

5）H.G.Schröter, *op.cit.*, p.221.

6）雨宮昭彦「1920年代ドイツにおける経済構造の変化とその限界」『経済研究』（千葉大学）、第9巻第2号、1994年9月、295ページ、前川恭一『現代企業研究の基礎』森山書店, 1993年, 189ページ、前川恭一『ドイツ独占企業の発展過程』ミネルヴァ書房、1970年、1-2ページ, 15-16ページ。

7）大橋昭一『ドイツ経済民主主義論史』中央経済社、1999年、107ページ。

8）K.Arnold, Zum Geleit, L.Brandt, G.Frenz（Hrsg.）, *Industrielle Rationalisierung*, Dortmund, 1953, S.25, H.Lübeck, Die vokswirtschaftliche Bedeutung einer systematischen Förderng des Produktivitätsgedankens, *Rationalisierung*, 8.Jg, Heft 6, Juni1957, S.174, Zur Großen Rationalisierungs-Ausstellung Düsseldorf 1953, *Rationalisierung*, 4.Jg, Heft 7, Juli 1953. S.185.

9）L.Erhard, Das Bundesministerium für Wirtschaft, Das Presse- und Informationsamt der Bundesregierung（Hrsg.）, *Deutschland im Wiederaufbau.Tätigkeitsbericht der Bundesregierung für das Jahr 1956*, Bonn, S.225.

10）工藤 章「第2次大戦後の経済成長と地域統合」、原 輝史・工藤 章編『現代ヨーロッパ経済史』有斐閣、1996年、250ページ。

11）吉田、前掲書、26-27ページ。

12）前川、前掲『ドイツ独占企業の発展過程』、12-13ページ。

13）加藤栄一『ワイマル体制の経済構造』東京大学出版会、1973年。

14）D.Barjot, *op.cit.*, p.49, F.Crouzet, Conclusions, D.Barjot（ed.）, *op.cit.*, p.435.

15）H.G.Schröter, *op.cit.*, p.59, A.kudo, M.Kipping, H.G.Schröter, Americanizution: Historical and Conceptual Issues, A.Kudo, M.Kipping, H.G.Schröter, (eds.)., *op.cit.*, p.8.

16）H.G.Schröter, Deutschlands Reintegration, M.North（Hrsg.）, *Deutsche Wirtschaftsgeschichte*, 2., völig überarbeitete und aktualisiet Auflage, München, 2005, S.369.

17）ハンス・タールマン「資本支出なしの合理化による西ドイツ労働者階級の搾取の強化」、豊田四郎編『西ドイツにおける帝国主義の復活』新興出版社、1957年、248ページ。

18）The Concept and Status of the Productivity Programm, *National Archives,* RG469, Assistant Administration for Production, Productivity & Technical Assistance Division, Records relating to U.S. Advisory Group on European Productivity, 1952-53.

19）工藤、前掲論文、250ページ。

20）Bericht über Produktivitätsmassnahmen in der Bundesrepublik Deutschland, S.9-10, *Bundesarchiv Koblenz*, B102/37023, RKW, *Der Stand der Deutschen Rationalisierung im Jahr 1955*, Frankfurt am Main, 1956, S.36.

21）大場鐘作「生産性運動」、野田信夫監修、日本生産性本部編『生産性事典』日本生産性本部、1975年、49-50ページ、高木健次郎『西ヨーロッパにおける生産性運動』日本生産性本部、1962年、7-8ページ。

22）E.Pechhold, *50 Jahre REFA*, Berlin, Köln, Frankfurt am Main, 1974, S.56.

23）ワイマール期におけるレファ・システムの導入については、山崎敏夫『ドイツ戦前期経営史研究』森山書店、2015年、第5章第3節を参照。

24）同書、第6章を参照。

25）Vgl.Richtlinien für organisatorische Fragen innerhalb der Refa-Ausschüsse, S.2, S.4, *ThyssenKrupp Konzernarchiv*, VST/590, R.Hachtmann, *Industriearbeit im 》Dritten Reich《*,Göttingen, 1989, S.180-181, S.303, E.Pechhold, *a. a. O.*, S.83, E. Kothe, Bestgestaltung der Arbeit durch Arbeitsstudien, *Maschinenbau*, Bd.15, Heft 3/4, Februar 1936. S.65, A.Winkel, Die Auswirkung der Refa-Arbeit im Unternehmen, *Maschinenbau*, Bd.17, Heft 19/20, Oktober 1938, S.505.

26）R.Hachtmann, *a. a. O.*, S.180, Refa=Reichsausschuß für Arbeitsstudien, *Maschinenbau*, Bd.15, Heft 7/8, April 1936, S.215, A.Winkel, *a. a. O.*, S.505.

27）Vgl.E.Pechhold, *a. a. O.*, S.88, R.Hachtmann, *a. a. O.*, S.179-180, S.230-231, S.367, R.Schmiede, E.Schudlich, *Die Entwicklung der Leistungsentlohnung in Deutschland*, 4.Aufl, Frankfurt am Main, New York, 1981, S.295, S.304, S.306.

28）R.Hachtmann, *a. a. O.*, S.178-179, S.303, 幸田亮一・井藤正信「ドイツにおける科学的管理法の展開」、原 輝史編『科学的管理法の導入と展開』昭和堂、1990年、201ページ。

29）E.Pechhold, *a. a. O.*, S.82-83, M.Pohl, Die Geschichte der Rationalisierung: Das RKW 1921 bis 1996, S.3（file:///C:/Users/yama0/Downloads/20151028-1921-1996-RKW-Geschichte-2.pdf）（2022年3月13日参照）.

30）山崎、前掲『ドイツ戦前期経営史研究』、T.Siegel, T.v.Freyberg, *a. a. O.*, 参照。

31）山崎敏夫『企業経営の日独比較——産業集中体制および「アメリカ化」と「再構造化」——』森山書店、2017年、C.Kleinschmidt, *a. a. O.*, S.71-83を参照。

32）山崎、前掲『企業経営の日独比較』を参照。

33）M.Pohl, *a. a. O.*, S.5.

34）中村静治『日本生産性向上運動史』勁草書房、1958年、260ページ。

35）O.Bjarnar, M.Kipping, The Marshall Plan and the Transfer of US Management Models to Europe, M.Kipping, O.Bjarnar（eds.）, *The Americanization of European Business*, London, 1998, pp.1-2.

36）C.Kleinschmidt, *Technik und Wirtschaft im 19. und 20. Jahrhundert*, München, 2007, S.54.

37）B.Boel, The European Productivity Agency and American Policy toward Western Europe after World War Ⅱ, D.Barjot（ed.）, *op.cit.*, p.88.

38）K-H.Pavel, *Formen und Methoden der Rationalisierung in Westdeutschland*, Berlin, 1957, S.12-13, ハンス・タールマン、前掲論文、248ページ。

39）O.Bjarnar, M.Kipping, *op.cit.*, p.9.

40）B.Boel, The European Productivity Agency and the Development of Management Education in Western Europe in the 1950s, T.R.Gourvish, N.Tiratsoo（eds）, *Missionaries and Managers*, Manchester University Press, 1998, pp.36-37.

41）McGlade, Americanization: Ideology or Process? J.Zeitlin, G.Herrigel（eds.）, *Americanization and Its Limits*, Oxford University Press, 2000, p.72.

42）B.Boel, *op.cit.*, p.37.

43）C.Kleinschmidt, *a. a. O.*, S.66, Entwicklung der *Rationalisierung* und des RKW, *Rationalisierung,* 22.Jg, Heft 5, Mai 1971, S.148-149, U. Heinzer-Priem, Das RKW als Produktivitätszentrale 1950-1966, Juni 2021, S.2（https://www.100-jahre-lw.de. ffileadmin/media/Dateien/ZB/RKW Geschichte/Medien PDF/210903-RKW_als_PZ-V1.pdf）（2022年3月13日参照）.

44）L.Erhard, *a. a. O.*, S.225.

45）H.R.v.Lilienstern, Förderng Produktivität und Rationalisierung―eine pädagogische Aufgabe, *Rationalisierung,* 27.Jg, Heft 6, Juli 1976, S.140.

46）The Productivity Programm, p.3, *National Archives,* RG469, Assistant Administration for Production, Productivity & Technical Assistance Division, Records relating to U.S. Advisory Group on European Productivity, 1952-53, F.Schiettinger, *Rationalisierung und Wirtschaftspolitik, Rationalisierung*, 16.Jg, Heft 9, September 1965, S.209.

47）Die Deutsche Rationalisierungsbewegung an der Jahreswende 1952/53, *Rationalisierung,*4.Jg, Heft 1, März 1953, S.1.

48）K.Magnus, Die Aufgaben des Rationalisierungs-Kuratoriums der Deutschen Wirtschaft（RKW）, L.Brandt, G.Frenz（Hrsg.）, *Industrielle Rationalisierung 1955*, Dortmund, S.127.

49）Methoden und Auswirkungen der Rationalisierung in der westdeutschen Industrie, *D.W.I.-Berichte*, 11.Jg, Juli 1960, S.21.

50）Bechluβfassung über den Jahresabschluβ des RKW zum 31.3.1960, *Bundesarchiv Koblenz*, B102/37502.

51）Geschäftsbericht des RKW über die Jahre 1963/64, *Rationalisierung*, 15.Jg, Heft 12, Dezember 1964, S.269.

52）Neuanfang und Produktivitätszentrale（https://www.100-jahre-RKW.de/geschichte-des-RKW-seit-1921/neuanfang-und-produktivitätszentrale/）（2022年3月13日参照）．

53）E.Bramesfeld, Der Verband für Arbeitsstudien―REFA-e.V., *Rationalisierung*, 12.Jg, Heft 1, Januar 1961, S.13, B.Jaeckel, 10 Jahre REFA-Bundesverband. Die Entwicklung von 1951 bis 1961, *REFA-Nachrichten*, 14.Jg, Heft 6, Dezember 1961, S.221.

54）Programm Produktivitaetssteigerung（16.3.1953), S.3, *National Archives*, RG469, Mission to Germany, Labor Advisor, Subject Files, 1952-54.

55）日本労働組合総評議会『生産性向上運動と斗う世界の労働者』総評情報宣伝部、1956年、177ページ。

56）ハンス・タールマン、前掲論文、256ページ。

57）戸木田嘉久『現代の合理化と労働運動』労働旬報社、1965年、140-141ページ。

58）*Statistisches Jahrbuch für das Deutsche Reich*, 各年版を参照。

59）H.G.Schröter, *op.cit.*, p.59, A.Kudo, M.Kipping, H.G.Schröter, *op. cit.*, p.8, K.Borchardt, *Grundriß der deutschen Wirtschaftsgeschichte*, Göttingen, 1978, S.71-72〔酒井昌美訳『ドイツ経済史入門』中央大学出版部、1988年、93ページ〕，古内博行『現代ドイツ経済の歴史』東京大学出版会、2007年、65-66ページ。

60）仲田正機『現代アメリカ管理論史』ミネルヴァ書房、1985年、4ページ。

61）例えば山崎、前掲『企業経営の日独比較』を参照。

62）Die Schrift vom Bundesministerium für den Marshallplan über TA-Reise（1.12.1953), S.1, *Bundesarchiv Koblenz*, B102/37012, Bericht über Produktivitäts-Massnahmen in der Deutschland, S.10, *National archives*, RG469, Productivity and Technical Assistance Division Office of the Director, Technical Assistance Country Subject Files, 1949-52, German-General.

63）M.Pohl, *a. a. O.*, S.9.

64）U.Heinzer-Priem, *a. a. O.*,.

65）仲田、前掲書、12-15ページ、38-39ページを参照。

66）同書、19ページ。

67）Neuanfang und Produktivitätszentrale（https://www.100-jahre-RKW.de/geschichte-des-RKW-seit-1921/neuanfang-und-produktivitätszentrale/）（2022年3月13日参照）．

68）M.Pohl, *a. a. O.*, S.12.

69）H.Siegrist, Deutscher Großunternehmen vom späten 19. Jahrhundert bis zur Weimarer Republik, *Geschichte und Gesellschaft*, 6.Jg, Heft1, 1980, S.88.

70）R.R.Locke, *The Collapse of the American Management Mystique*, Oxford University-Press, 1996, p.57.

71）M.Albert, *Capitalisme contre Capitalisme*, Paris, 1991, p.105, p.137, pp.231-232, p.275〔小池はるひ訳『資本主義対資本主義』新装版、竹内書店新社、1996年、116ページ、152ページ、254ページ、301ページ〕．

72）例えば、ワイマール期には、経済社会の再建の道筋として「経済性」という概念が重視され、個別企業レベルで取り組まれるべき合理化が深く関係している「能率」や「生産性」を超える全産業的・国民経済的次元の問題として運動の課題が認識された。

73）Wissenschaftlich-technischer Fortschritt und Entwicklungstendenzen des gegenwärtigen Kapitalismus, *I.P.W.-Berichte*, 7.Jg, Heft 10, Oktober 1978, S.4.

（やまざき　としお／立命館大学）

中間支援事業の社会的
インパクトに関する試論的考察
——市民活動センターの教育事業の事例から——

洪　　性　旭

青　木　雅　生

1. はじめに：研究の背景と目的

　近年、日本国内の様々な機関や事業において、社会的価値を測定し可視化する「社会的インパクト評価」が求められつつある。2010年代以降は、公共事業委託においても成果連動型委託契約方式（PFS, Pay For Success）や、助成財団や金融機関等の民間資金を導入するソーシャル・インパクト・ボンド（SIB）が検討され、実際の施策に活用される地方自治体等の事例も増えてきており、その対象領域も徐々に広がりつつある。

　このような取り組みには、従来のような金銭面の費用対便益に留まらず、事業の目的に符合した成果が得られているかに関する吟味が伴うため、事業が生み出した社会的価値を適正に評価する方法の開発が併行されなければならない。しかし、社会的インパクト評価が一定の注目を集める一方で、貨幣価値に換算されやすい事業や、比較的容易に成果を見せられるような事業に集中する恐れ（「クリームスキミング」）も指摘されており、導入には慎重を期す必要がある。なお、大規模・広範に事業展開している組織のみならず、ローカルレベル（基礎自治体）で一般市民の啓発や市民活動の支援を行っている中間支援組織の事業に適合したインパクト測定方法の開発は遅れていると言わざるを得ない。

　この点に着目し、本研究は、地域において市民活動団体等を支援する中間支援組織による事業の一つを取り上げ、事業の参加者（受益者）の行動変容に関するアンケート調査からインパクトを測定できる指標を開発し、その有効性を検証することを目的とする。続く第2節で社会的インパクト及び社会的インパクト評価、中間支援組織の概念を整理する。第3節及び第4節では調査設計と中間支援組織の事業効果に関する仮説を提示し、第5節においてアンケート調査結果の概要と仮説の検証結果を紹介する。

【アンケート設問項目一覧】

質問	回答欄
1.　NPOや市民団体、地域活動団体に所属していますか。	①所属している ②所属していない→4.1へ
2-1.　所属している団体名を教えてください。	自由回答
2-2.　所属している団体の法人格について教えてください。	①任意団体、②NPO法人、③一般社団法人、④一般財団法人、⑤公益社団法人、⑥公益財団法人、⑦協同組合、⑧その他
2-3.　所属している団体の活動を開始した年度を教えてください。	自由回答
2-3-A.　法人格取得年度を教えてください。	自由回答
2-4.　団体の主な活動分野を教えてください（複数回答可）。	NPO法上の特定非営利活動一覧から複数選択
2-5.　個人や団体（企業や助成財団等）から寄付金を受けていますか。	①定期的に寄付をいただいている、②不定期的に寄付をいただいている、③過去、寄付をいただいたことはあるが、現在は寄付は受けていない、④寄付を受けたいと思っているが、まだいただいたことはない、⑤現時点では、寄付を受ける予定はない、⑥その他
2-6.　ボランティアが参加されていますか。	①ボランティアに参加していただいている、②過去、参加していただいたことはあるが、現在はボランティア参加はない、③ボランティア参加はない、④その他
3.団体の全般的な状況について	
3-1.　団体の目的や使命は明確に示されていますか。	①全く当てはまらない、②当てはまらない、③どちらともいえない、④当てはまる、⑤とても当てはまる
3-2.　団体の目的が、活動にかかわる様々な人々にも共有されていますか。	同上
3-3.　地域や社会一般に対して、取り組む課題と目的を理解してもらう努力をしていますか。	同上

3-4. ボランティア参加の機会が広く一般に開かれていますか。	同上
3-5. ボランティアに、団体の目的、事業の概要を説明していますか。	同上
3-6. ボランティアに、事業の成果について発信・共有していますか。	同上
3-7. ボランティアと対話の機会を作るなど、彼ら彼女らからの提案に耳を傾け、対応していますか。	同上
3-8. ボランティアに対して感謝の気持ちを伝える工夫をしていますか。	同上
3-9. 団体で取り組んでいる地域課題や社会課題を明確に理解していますか。	同上
3-10. 地域課題や社会課題の背後にある原因を見出そうとする姿勢や視点を持っていますか。	同上
3-11. 団体が取り組む課題を超えて、それに影響している制度や慣習など、社会の仕組みにかかわる問題解決も視野に入れていますか。	同上
3-12. 団体の活動において、活動の対象（人または地域、自然環境など）へのプラスの影響や変化を成果として目指していますか。	同上
3-13. 活動を行うなかで、取り組みの成果について評価し、フィードバックを行っていますか。	同上
3-14. 団体が取り組む課題やニーズが変化した場合、活動の目的や計画、具体的な活動内容も修正・進化させていますか。	同上
3-15. 活動による課題解決を中長期的な視点で考えていますか。	同上
3-16. 取り組もうとする地域課題や社会課題の解決に必要な技術や知識、ノウハウなどを得られていますか。	同上
3-17. 団体の外部に、協力し学び合える関係の人々や団体がありますか。	同上
3-18. 団体の会計処理を透明でわかりやすく行う仕組みを持っていますか。	同上
3-19. 団体の会計処理に対するチェック体制を持っていますか。	同上
4.松阪市市民活動センター「おススメ講座」について	
4-1. 松阪市市民活動センターの「おススメ講座」についてご存知ですか。	①知っている、②知らなかった
4-2. 「おススメ講座」に参加されたことはありますが。	①ある、②ない→5.1へ

4-3.「おススメ講座」に参加するようになったきっかけは何ですか。（複数回答可）	①講座テーマに個人的に関心を持ったから（具体的なスキルや知識が学べるなど）、②講座テーマが団体として活用できると思ったから（具体的なスキルや知識が学べるなど）、③地域にどんな市民活動や団体があるか知りたかったから、④地域の市民活動団体と交流できると思ったから、⑤市民活動に興味を持つ人と知り合えると思ったから、⑥特別なきっかけはなかった、⑦その他
4-4.「おススメ講座」のうち、どんなテーマの講座に参加されましたか。（複数回答可）	①チラシの作り方、②デザイン、③プレゼンテーション、④助成金申請関連、⑤NPOの基礎、⑥広報力アップ、⑦自己PR、⑨モチベーションアップ、⑩コミュニケーションスキル、⑪社会貢献、⑫SDGsの基礎、⑬コミュニティ・ビジネス、⑭救命講習、⑮Zoomの使い方、⑯動画作成、編集等、⑰その他
4-5. おススメ講座に参加する「前」、地域の市民活動や市民団体（名前や活動内容など）についてご存知でしたか。	①存在を知っている活動や団体はほとんどなかった、②名前を知っている活動や団体は少数ながらあったが、活動内容は知らず、交流したこともなかった、③かなりの数の活動や団体の存在を知っていたが、知り合って交流したことはなかった、④名前や活動内容を知っていて、面識もある団体が少数ながらあった、⑤すでにかなりの数の市民活動や団体と知り合っていて、交流もしていた
4-6. おススメ講座に参加した「後」、新たに知った市民活動や市民団体がありますか。	①新たに存在を知った活動や団体はない、②新たに存在を知った活動や団体が少数ながらある、③新たに存在を知った活動や団体がかなりの数あるが、知り合って交流した団体はない、④新たに存在に気づき、知り合って交流した活動や団体が少数ながらある、⑤かなりの数の活動や団体を新たに知り、交流もできた
4-7. おススメ講座に参加する「前」、地域の市民活動や市民団体への参加を検討したことはありますか。	①参加を検討したことはない、②参加を検討し、どんな団体や活動があるか探したことがある、③参加を検討し、どんな団体や活動があるか探したことはあるが、実際に連絡をとったり参加したりはしていない、④実際に連絡をとり、ボランティア等で一時的に参加した活動や団体がある、⑤実際に連絡をとり、正式に参加するようになった活動や団体がある
4-8. おススメ講座に参加した「後」、地域の市民活動や市民団体への参加を検討したことがありますか。	①参加を検討したことはない、②参加を検討し、どんな団体や活動があるか探したことがある、③参加を検討し、どんな団体や活動があるか探したことはあるが、実際に連絡をとったり参加したりはしていない、④実際に連絡をとり、ボランティア等で一時的に参加した活動や団体がある、⑤実際に連絡をとり、正式に参加するようになった活動や団体がある
4-9. おススメ講座に参加する「前」、ご自身で市民活動を始めることを検討したことがありますか。	①自分で始めることを検討したことはない、②自分で始めることを検討したことはあるが、実際に始めたことはない、③実際に活動を始め、一時的・単発的に行ったことがある、④実際に活動を始め、継続して行っていた

4-10. おススメ講座に参加した「後」、ご自身で市民活動を始めることを検討したことがありますか。	①自分で始めることを検討したことはない、②自分で始めることを検討したことはあるが、実際に始めたことはない、③実際に活動を始め、一時的・単発的に行ったことがある、④実際に活動を始め、継続して行っていた
4-11. おススメ講座に参加する「前」、市民活動への参加やご自身での活動を検討した場合、どこに相談し、どんなことを助けてもらえば良いかご存知でしたか。	①分からなかった、②なんとなくイメージはあったが、具体的には分からなかった、③ある程度イメージできており、いくつかのことならどこに何を相談すれば良いか分かっていた、④明確にイメージできており、必要な知識や情報の具体的な探し方や相談先なども明確に分かっていた
4-12. おススメ講座に参加した「後」、市民活動への参加やご自身での活動を検討される場合、どこに相談し、どんなことを助けてもらえば良いかが明確になりましたか。	①参加前に比べて新たに分かったことは特にない、②参加前に比べてなんとなくイメージできるようにはなったが、具体的にはまだ分からない、③参加前に比べてイメージできるようになり、いくつかのことならどこに何を相談すれば良いかが分かってきた、④参加前に比べて明確にイメージできるようになり、必要な知識や情報の具体的な探し方や相談先なども明確に分かってきた
5.「おススメ講座」に参加したことのない方へ	
5-1. 地域で行われている市民活動や市民団体（名前や活動内容など）についてご存知ですか。	①存在を知っている活動や団体はほとんどない、②名前を知っている活動や団体は少数ながらあるが、活動内容は知らず、交流したこともない、③かなりの数の活動や団体の存在を知っているが、知り合って交流したことはない、④名前や活動内容を知っていて、面識もある団体が少数ながらある、⑤すでにかなりの数の市民活動や団体と知り合っていて、交流もしている
5-2. 地域で行われている市民活動や市民団体への参加について検討されたことはありますか。	①参加を検討したことはない、②参加を検討し、どんな団体や活動があるか探したことがある、③参加を検討し、どんな団体や活動があるか探したことはあるが、実際に連絡をとったり参加したりはしていない、④実際に連絡をとり、ボランティア等で一時的に参加した活動や団体がある、⑤実際に連絡をとり、正式に参加するようになった活動や団体がある
5-3. ご自身で市民活動を始めることを検討したことがありますか。	①自分で始めることを検討したことはない、②自分で始めることを検討したことはあるが、実際に始めたことはない、③実際に活動を始め、一時的・単発的に行ったことがある、④実際に活動を始め、継続して行っていた
5-4. 市民活動への参加やご自身での活動を検討される場合、どこに相談し、どんなことを助けてもらえば良いかご存知ですか。	①分からない、②なんとなくイメージはあるが、具体的には分からない、③ある程度イメージできており、いくつかのことならどこに何を相談すれば良いか分かっている、④明確にイメージできており、必要な知識や情報の具体的な探し方や相談先なども明確に分かっている

2.　先行研究の整理と本研究の位置づけ

（1）社会的インパクトと社会的インパクト評価

　社会的インパクト及び社会的インパクト評価については、複数の研究者・実務者から定義が示されている。代表的な論者の一人であるEpstein and Yuthas（2014）は、社会的インパクトを「活動や投資によって生み出される社会的・環境的変化」と定義し、「投資によって生じる社会的変化と環境的変化の両方（正のインパクトも負のインパクトも、意図的なものもそうでないものも）」の意味として用いている[1]。インパクト投資推進団体であるGlobal Steering Group for Impact Investment（GSG）の会長であるロナルド・コーエン卿も、社会的インパクトには社会的及び環境的次元があるとし、従来の経済システムにおけるリスク・リターンの2つの軸に加えて「インパクト」という3つ目の軸を加える必要性を主張する[2]。日本政府でも、国際的な議論を踏まえ、社会的インパクトは「短期、長期の変化を含め、当該事業や活動の結果として生じた社会的、環境的なアウトカム」と整理している[3]。ここでいう「アウトカム」は、従来から事業評価等に用いられる「アウトプット」によってもたらされた変化として理解できる。ここで、「インパクト」の捉え方には大きく2つの捉え方がある。1つ目は、「インパクトをより長期的な効果、あるいは社会により広範な影響を及ぼす波及効果とみなすアプローチ」であり、もう一つは、インパクトを「プログラムの介入によって生じた純粋なアウトカム」と捉えるアプローチである[4]。本稿においては、対象事業の参加者における変容の測定を目指しているため、後者の純粋なアウトカムをインパクトとして捉えることとする。

　社会的インパクト評価（social impact measurement）は、上記の社会的インパクトによる変化を測定することである。社会的インパクト自体、分野によって多岐にわたるものであり、共通の測定指標を作ることは困難である。インパクト投資分野において活用することを目的に、総合的なパフォーマンス指標の開発が試みられている[5]。しかし、測定指標（項目）

が多すぎるというジレンマがあり、弁別力を持たせることができない状況にあることが指摘されている[6]。また、社会的インパクト測定指標が主として「投資家中心的（investor-centered）」に提案されていることも、真のインパクト評価を妨げる要因となる[7]。

　このような状況に対して、Salamon（2011）は「Google的手法」というアプローチを提案する[8]。これは、従来から活用されている消費者満足度調査のように、投資家や事業者が受益者を代弁するのではなく、受益者本人たちの反応や変化を以って社会的インパクトを測定するという考え方に基づいている[9]。本稿でも上記のアプローチを採用し、受益者である中間支援事業の参加者を対象とした測定指標を開発している。

（2）中間支援組織

　中間支援組織（intermediary organization）とは、NPOや市民活動団体、ソーシャルビジネス等のサードセクターに属する組織を支援することを主な目的とする組織を指す。中間支援組織の役割・機能については、欧米を中心に多数の研究がなされている。Shea（2011）は、先行文献のレビューから、中間支援組織の役割は「（会計上の）説明責任のサポートやネットワーキング、橋渡し、相互連絡、資源動員、触媒、会合の招集」等、無数に報告されていると紹介している[10]。また、理論的枠組として、経済学における取引コスト、参加型民主主義、制度学派組織論等が用いられているとしている[11]。もっとも、中間支援組織の捉え方は研究者によって多岐にわたっており[12]、統合的に論ずることは困難である。本稿においては、中間支援組織の主な機能として取引コストの削減に焦点を当てている。

　田中（2005）は、中間支援組織について「地域内の非営利組織（NPO、市民活動団体等）と潜在的な資源提供者（投融資者、寄付者、ボランティア参加者等）との間で資源提供が行われる際に、両者への負荷、すなわちトランザクション・コスト（探索、交渉、モニタリングにかかるコスト）を軽減する機能を有する媒介」と定義している[13]。

　日本において実際にNPOをサポートしている組織の多くは、マネジメントや法人設立支援、NPO間のネットワーク構築、社会一般に対する

NPOの啓発・NPOセンターを発展させるための調査研究や政策提言等、多様な役割を担っている。このように包括的に捉える際、英国等では「インフラストラクチャー組織（infrastructure organization）」と呼ばれることが多く[14]、資源媒介機能は、あくまでその中の一部の機能として位置づけられるものと言えよう。

　ただし、日本の中間支援組織が包括的な支援機能を果たせるような状態にあるかについては、課題も指摘されている。内閣府国民生活局が2002年に発表した資料では、2001年度時点における国内の中間支援組織の現状調査から、以下のような特徴が現れている[15]。

・設立時期：1995年以降が92%で比較的新しい組織
・組織構成：有給スタッフ平均3.2人、無給スタッフ平均9.8人
・事業内容：NPOに提供している資源は、資金や物的資源というよりは
　　　　　　情報が中心
・財政状況：2000年度総収入額の中央値914万円、行政からの委託事業
　　　　　　が41.8%で最大
・行政との関係：中間支援組織との協働でNPO支援を実施している所轄
　　　　　　　　庁が52.1%、中間支援組織に業務委託を行っている所
　　　　　　　　轄庁は57.8%

　総じて、1990年代中盤以降に設立された若い組織であることや、収入額が小さく有給スタッフを十分に雇える財政状況ではないこと、NPOへの支援も情報資源が中心となっていることが分かる。本研究の認識においても、中長期的には、中間支援組織が上述のように包括的な機能を担う組織となることが望ましい。ただし、日本の現状からすると、中間支援組織において情報媒介が共通して機能していることから、今回は情報媒介機能を果たすための事業を事例にしている。

3. 分析の視点と枠組み

　上述のように、中間支援組織が働きかける主な対象者は資源提供者とNPOである。今回の調査では、地域住民が地元周辺の市民活動団体、NPOへのボランティア参加や寄付、会員登録などの形で資源提供者となるプロセスに着目し、中間支援組織による事業が地域住民に与える影響を測定する。分析枠組みとして、マーケティング研究における態度変容論、及び顧客のサービス・ライフサイクル論を参照する[16]。

(1) マーケティング態度変容論

　Aaker et al. (1992) では、顧客の態度変容について、潜在する対象者に注目することが重要であると指摘する。「顧客は、特定の商品ブランドに気付いていない状態にあるのが当然」であり、「この段階から順を追って、ブランドを学習するように働きかけることが重要」ということである[17]。この前提に沿って、顧客の態度変容には以下の3つのステップがあると考えられる。第1ステップ:「顧客にそのブランドの存在について気づいてもらう」→第2ステップ:「顧客にそのブランドについて学習してもらう」→第3ステップ:「行動変容(ブランドを個人が購入または試す前段階、顧客個人が必要とする情報を自ら行動することによって積極的に獲得する段階)」[18]。

　上記を中間支援(資源提供者とNPOとの間の情報媒介)に関連づけて解釈してみると以下のように整理することができる。第1ステップ:「資源提供者、民間非営利組織は、資源提供について互いに無関心であったりまた可能性に気づいていないことがある」→第2ステップ:「対象者には学習機会が必要」であり、「対象者に働きかけることによってその態度が変る可能性が大きい」[19]→第3ステップ:対象者が参加行動を起こす可能性が高まる。

表1　NPOと資源提供者の態度変容を表す5つのフェーズ

フェーズ1「無意識、無関心」	NPOセクターの活動に関心がない、もしくは存在に気づいていない
フェーズ2「関心／無行動」	NPOの活動に関心をもっているが、行動するまでに至らない
フェーズ3「探索」	関心の内容が明確になり、資源提供を希望しその方法を探索している
フェーズ4「参加、実施」	資源提供が実際に行われる（ボランティア活動参加、寄付など）
フェーズ5「評価」	資源提供（活動参加）後、継続するか中止するか、もしくはより多くの資源提供をするか（アップグレード）を決定する

出所：田中（2005）p.89を参考に筆者作成

（2）顧客のサービス・ライフサイクル論

　Ives & Mason（1990）では、「すべての顧客は自身のニーズを把握し、製品を購入し、使用しなくなるまでのサービス・ライフサイクルを経験する」と仮定する[20]。顧客は、「自分が何を欲しているかを自覚し、欲しいサービス／製品の購入の方法を知り、購入、使用、修正／修理し、最後に中止／廃棄する」[21]。

　上記を、同じく中間支援に関連づけて解釈すると、以下のようにまとめることができる。（中間支援の）「対象者の態度は資源提供実施前から…及び活動後にも注目すべきである」。なお、「対象者の態度は次第に変容するが、どのような変容段階に位置しているかを把握し、それに対応するサービスを開発していく必要がある」[22]。分析枠組みを構成するため、一連の流れを5つのフェーズに分け、それぞれのフェーズにおけるNPO・市民団体と潜在的な資源提供者との間の関係を整理した（表1）。

4.　調査設計と分析方法

（1）中間支援組織：NPO法人Mブリッジ（松阪市市民活動センター）

　2006年に設立されたNPO法人Mブリッジは、同2006年度から松阪市市

民活動センターの指定管理者を受託し、同市周辺地域において中間支援機能を担っている。現在、同法人は複数分野において30 〜 40種類の事業を実施している。年度によって実施事業数に変動はあるが、大まかな分野だけでも市民活動団体支援、協働・連携推進、人材育成・研修ツール開発、まちづくり推進、地域の課題解決の推進、倫理的・道徳的取り組み推進、組織の基盤強化・資金調達支援、持続可能な社会づくり推進など多岐にわたる[23]。

(2) 調査分析対象：「おススメ講座」事業

　松阪市市民活動センターには、市内の486市民団体（2021年3月末時点）が登録団体となっているが、これは三重県内の市民活動支援センターの中でも最多である。Mブリッジの代表理事3名は、それぞれが持っている専門性を地域のNPO・市民団体に還元することを目的に、「おススメ講座」という事業を2017年度から月1 〜 2回実施している。

　講座のテーマは、NPOの基礎、広報デザイン、文章表現、プレゼンテーション、コミュニケーション能力、企画・アイディア創出ワークショップ、助成金申請方法、SDGsの基礎などである。2021年12月現在計70回開催されており、延べ参加者数は1,271名、重複を除いたユニット数は656名である。

(3) 事業対象者と事業効果に関する仮説

　「おススメ講座」の参加者は、市民活動に参加していない一般市民から、既に活動中で助成金や寄付金の募集等にチャレンジできる市民団体の関係者まで幅広い。今回の調査における対象者（講座への参加者）は、①資源提供者（ボランティア、寄付等）としての一般市民と、②民間非営利組織としての市民団体関係者に大別できる。

　前者においては、「市民活動の存在に気づいていない」→「存在に気づき、関心を持つ」→「参加を検討し、情報を探索する」まで（フェーズ1→2、2→3）が主な介入領域となる。後者は、資源提供者（一般市民、助成財団等）に自らの存在を気づいてもらい（フェーズ1→2）、資源提供

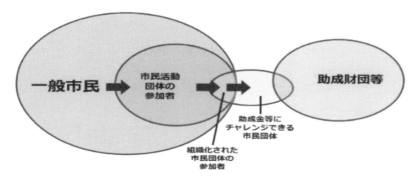

図1　今回の調査で確認する「おススメ講座」事業の効果

出所：Mブリッジでのヒアリングをもとに筆者作成

を受けるために必要な情報を探索する（フェーズ2→3）までが主な介入領域となる。なお、当該事業に期待される効果として、一般市民→市民団体の参加者→組織化された市民団体の参加者→助成金へのチャレンジや寄付金の戦略的な募集等、体系的に事業を展開できる市民団体へと発展していくプロセスを想定できる。

　上記をもとに、本研究では、おススメ講座への参加がそれぞれの対象者に与える影響について、以下の仮説を検証する。

　仮説1：「市民団体に所属している個人の講座参加が、団体のパフォーマンスに影響を与える。」

　→講座への参加が団体に所属した個人のスキルアップをもたらし、それが所属団体の活動に活かされることによって可能となる。

　→「参加した個人がいる団体」と「参加した個人がいない団体」との間で、団体全般の状況がどのように異なるかを分析することで検証する。

　仮説2：「市民団体に所属していない個人の講座参加が、市民活動への関心を誘発する。」

仮説3：「市民団体に所属していない個人の講座参加が、市民団体への参加や活動開始の決定に正の影響を与える。」

　→講座に参加することによって、地域内の様々な市民活動や団体の存在に（改めて）気づいたか否かを確認する。

　→講座に参加することによって、市民活動や団体への参加、または自ら活動を始める意志が生まれたかどうか、そのための情報探索を行うようになったか否かを確認する。

（4）測定指標の開発

　今回の調査では、市民活動に所属・参加していない住民と、すでに市民活動に所属・参加している住民が、「おススメ講座」に参加することによってどのように変化するのかについて、アンケート調査を通じて分析する。

　市民活動支援に関してすでに行われている評価方法には、自治体による運営評価、事業評価シート等が挙げられる。ただし、これらは簡易測定指標に留まっており、本研究において想定している潜在的資源提供者の態度変容フェーズが捕捉できる指標は見当たらない。

　一方で、非営利組織の経営評価に関わる測定指標については、いくつかの指標が開発されてきている。例えば、組織基盤の測定指標「エクセレントNPO」では、計33の設問項目から組織全般の評価を行うことができる。この指標を開発した「『エクセレントNPO』をめざそう市民会議」は、「市民性」「社会変革性」「組織安定性」という3つの基本条件を設定し、NPOが組織外部の一般市民向けにオープンになっており、自組織の取り組みを絶えず更新し、健全な組織運営体制を整えている状態が理想であるとしている[24]。

　もう一つ、コミュニティ・シンクタンク「評価みえ」で開発された「事業評価システム2000 Standard for NPO」は、計25の設問項目から非営利組織の事業実施能力の自己チェックを行うことができる。この指標は、とりわけ特定事業の実施体制を「事業の計画段階→実施段階→事業後」に分け、5点尺度の設問項目で測定する。「内部評価によるマネジメント管理」に重点を置き、「事業実施前」「事業計画」「事業実施体制」「情報流

通体制、事業実施後」「事業成果」5つの分野からそれぞれ5項目を測定する[25]。測定結果はパラメータの形で表現することもでき、定期的な評価とフィードバックに適した指標といえよう。

　ただし、上記の測定指標は、すでに組織化され事業が軌道に乗り、一定以上の財政規模を持つ組織向けに作成されたものである。これから市民活動に関心を持つことが期待される一般市民や、小規模の地域活動等を行っている地域内団体等のためには、現状に合った測定指標を別途開発する必要がある。

　そこで、本研究では、Mブリッジとの協力のもと、「エクセレントNPO」33項目のうち19項目を取り上げ平易な文章に修正し、5件法（「全く当てはまらない」「当てはまらない」「どちらとも言えない」「当てはまる」「とても当てはまる」）の項目を作成した。また、フェーズ1→2、2→3に合わせて、参加前と後の態度変容を測定できる4項目を新たに作成し、それぞれのフェーズに合った具体的な状況に関する回答を5件法または4件法で尋ねた。態度変容については、市民団体や市民活動の存在に気づき、関心を持つことを表す「認知」と、実際に市民団体と交流し、参加を検討する「参加」、自ら市民活動を始めることを検討する「起業意識」、市民活動を始めたり市民団体に参加したりする際、どこに相談し情報を収集すれば良いかを習得する「リテラシー」の4つに分類して測定している。態度変容に関わる各設問項目は、それぞれ「講座に参加したことのない者」と「講座参加者の参加前」「講座参加者の参加後」の3通りに分けて尋ねた。

（5）分析方法

　社会的インパクト測定は定量・定性の両方からアプローチすることが可能であるが、今回は構造化・標準化された測定指標を探索するため、統計分析による定量分析を用いた。統計ソフトはSPSS 28.0を使用している。

　まず、仮説1については、「エクセレントNPO」から抜粋した19項目から測定した組織パフォーマンスを従属変数に、講座への参加の有無及び回数による変化を回帰分析によって測定する[26]。その際、従属変数の縮約のために、項目をいくつかの類型に分類する必要が生じる。先述の通り、同

指標には「市民性」「社会変革性」「組織安定性」という3つの基本条件が設定されている。しかし、設問項目を19項目に抜粋・加工していること、各項目への回答から統計分析によって類型化を図る必要があることから、今回は主成分分析を用いた。組織パフォーマンスの類型化をより鮮明に行うため、分析にあたってはvarimax回転を行い、類型化された各項目群の回答の総和を求め、従属変数に設定している。

　仮説2及び3については、参加者の態度変容測定のための項目の回答を用いて、「講座に参加したことのない個人」と「講座に参加したことのある個人」の2群に分けて対応なしt検定、及び「講座に参加したことのある個人」における講座参加「前」と「後」に分けて対応ありt検定を実施した。

5. 調査結果と分析

　本節では、アンケート調査結果の分析を紹介する。アンケート調査は2022年3月に実施し、計94件の回答が得られた。具体的な調査概要は以下の通りである（表2）。

（1）分析結果
①仮説1の検証結果
　まず、団体の全般的な状況（Q3-1 ～ 19）の回答をもとに主成分分析を行った結果、19項目から4つの主成分及び主成分得点が抽出された（表3）。4つの主成分については、関連性の高かった設問項目からそれぞれ「主成分1：開放性」「主成分2：課題設定能力」「主成分3：学習能力」「主成分4：透明性」と名付けた。

　次に、4つの主成分の主成分得点、及び各主成分に該当する回答の総和を従属変数に、参加回数を説明変数に設定し、強制投入法による単回帰分析を8通り実施した（n=45、欠損値を除く）が、どちらも統計的に有意な結果は得られなかった。唯一、「主成分2：課題設定能力」の主成分得点のみが参加回数との間で有意に正の関係（標準化偏回帰係数 β =.342）を

表2　調査概要

調査対象	松阪市及び周辺の市民活動団体関係者、一般市民
調査期間	令和4年3月10日～3月31日
配布・回収	講座に参加した記録の残っている登録団体及び一般市民に案内文をEメールまたは郵送にて送付、Webアンケートを通じて回答を回収
送付・回収数	送付数553件、回収数94件、有効回答率17.0％【市民団体関係者48.4％、一般市民51.6％】【「おススメ講座」参加者75.8％、未参加者24.2％】
設問の構成	回答者属性（Q1~Q2）、団体の全般的な状況（Q3、5件法）、講座参加有無と態度変化（Q4-1 ～ 12、4件法または5件法）、講座未参加者の態度（Q5-1 ～ 12、4件法または5件法）、「おススメ講座」参加回数（C1~C70）

出所：筆者作成

表3　主成分分析結果（varimax回転後）

	主成分1	主成分2	主成分3	主成分4
ボランティアに、事業の成果について発信・共有している	0.929	0.048	0.070	0.187
ボランティアと対話の機会を作るなど、彼ら彼女らからの提案に耳を傾け、対応している	0.878	-0.033	0.133	0.225
ボランティアに対して感謝の気持ちを伝える工夫をしている	0.852	0.116	0.066	0.232
ボランティアに、団体の目的、事業の概要を説明している	0.837	0.205	0.147	0.215
ボランティア参加の機会が広く一般に開かれている	0.814	0.069	0.099	0.051
地域や社会一般に対して、取り組む課題と目的を理解してもらう努力をしている	0.620	0.605	-0.084	-0.056
活動を行うなかで、取り組みの成果について評価し、フィードバックを行っている	0.556	0.368	0.057	-0.015
団体の活動において、活動の対象（人または地域、自然環境など）へのプラスの影響や変化を成果として目指している	0.079	0.748	0.369	0.155
団体の目的が、活動にかかわる様々な人々にも共有されている	0.051	0.718	0.147	0.351
団体が取り組む課題を超えて、それに影響している制度や慣習など、社会の仕組みにかかわる問題解決も視野に入れている	0.244	0.682	0.366	0.320
地域課題や社会課題の背後にある原因を見出そうとする姿勢や視点を持っている	0.189	0.673	0.517	0.111
団体で取り組んでいる地域課題や社会課題を明確に理解している	0.125	0.653	0.309	0.459
団体の外部に、協力し学び合える関係の人々や団体がありますか。	-0.043	0.155	0.785	-0.050
取り組もうとする地域課題や社会課題の解決に必要な技術や知識、ノウハウなどを得られている	0.063	0.265	0.779	0.151
団体が取り組む課題やニーズが変化した場合、活動の目的や計画、具体的な活動内容も修正・進化させている	0.189	0.141	0.775	0.127
活動による課題解決を中長期的な視点で考えている	0.354	0.235	0.525	0.361
団体の会計処理を透明でわかりやすく行う仕組みを持っている	0.187	0.239	0.100	0.845
団体の会計処理に対するチェック体制を持っている	0.326	0.145	0.116	0.812
団体の目的や使命は明確に示されている	0.083	0.458	0.069	0.575

出所：筆者作成

示したが、予測値（R）は34.2％であり、従属変数を十分に説明しているとは言えない。なお、この結果は、各参加回数に対応する度数のバラつきが大きすぎるため、参加回数を自然対数に変換して得られた結果であり、仮説1を支持する十分な結果とは言えない。

　一方で、講座への参加回数と主成分ごとの回答の総和をそれぞれカテゴ

リー化し（参加回数：0回、1〜4回、5〜9回、10回以上／各主成分の回答の総和：5点刻み）クロス集計を取ったところ、「主成分1：開放性」において統計的に有意な結果が得られた（図2）。

「主成分1：開放性」は7つの設問項目からなっており、最低得点は7（全ての項目において「全く当てはまらない」を選択）、最高得点は35（全ての項目において「とても当てはまる」を選択）である。参加回数0回グループには最低得点が含まれる「6-10点」区間に該当する回答者が見られる一方、参加回数1回以上では得点区間が全体的に上昇していることが分かる。ただし、χ二乗検定では漸近有意確率=0.014で両変数が独立でない（何らかの連関が存在する）ことが確認されたが、Cramerの連関係数（V）は0.014であり、連関は非常に弱いという結果となっている。一定の傾向が見られる可能性は示唆しているが、仮説1を支持する十分なエビデンスにはなり得ないと判断される。やはり、参加回数グループごとの度数にバラつきが大きいことが関係していると考えられ、今後、より多くの回答者を確保することによって、統計分析の精度を上げていくことが求められる。

②仮説2及び3の検証結果

ここでは、講座参加「前」と参加「後」の態度（Q4とQ5、4点または5点満点）の回答をもとに、「a.未参加者と参加者の比較」、「b.参加者の参

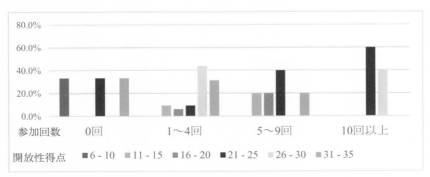

図2　講座参加回数と「主成分1：開放性」のクロス集計結果（n=45）

注）参加回数グループごとの度数が異なるため、各グループ内の割合に変換している。
出所：筆者作成

加前後の比較」、「c.参加者の参加回数と態度変容の大きさとの関係」3種類の分析を実施した。このうち、「a.未参加者と参加者の比較」と「c.参加者の参加回数と態度変容の大きさとの関係」については、統計的に有意な結果は得られなかった。

「b.参加者の参加前後の比較」については、参加前（Q4-5, 7, 9, 11）と参加後（Q4-6, 8, 10, 12）の平均値の比較を対応ありt検定で検証した（表4）。それぞれの設問に対する講座参加者全数（n=71）の参加前／後の平均の比較したところ、「認知」得点は下落し（t=2.223, p=.029, d=.264, 95%CI［.033, .615］）、「リテラシー」得点は上昇（t=-.268, p=.014, d=-.299, 95%CI［-.479, -.056］）した。効果量（Cohenのd）についても小さいという結果が得られた。

そこで、それぞれの項目に対してクロス集計を実施したところ、参加前に4 〜 5点の高い水準の回答をしている回答者が参加後には低い回答に転じているケースが複数見られた（表5）。講座参加前からすでに活発に活動していて、他団体を認知し交流していた回答者からすると、講座に参加したことで改めて「市民団体の存在に気づいた」「市民活動に参加しようと考えた」といった態度変容は起こりにくいことが主な原因の一つと考えられる。

一方で、参加前には活発に認知・参加していなかった1 〜 3点の回答者に限定し、参加前後を比較した結果、「参加」項目（t=-3.624, p<.001, d=-.472, 95%CI［-.842, -.243］, n=59）と「リテラシー」項目（t=-2.884, p=.005, d=-.358, 95%CI［-.546, -.099］, n=65）で有意差が見られ、講座参加後の方が、市民活動への参加検討や情報収集に向けてポジティブな態度変容を起こしていることが分かった。効果量も中程度または小〜中程度であった（表6）。

さらに、参加前の回答を1 〜 2点に限定すると、「参加」項目（t=-4.083,

表4　講座参加者全数（n=71）の講座参加前／後の平均の比較

| | 平均値 | 標準偏差 | 平均値の標準誤差 | 差の 95% 信頼区 | | t 値 | 自由度 | 有意確率 | 効果量 |
				下限	上限			両側 p 値	Cohenのd
認知（前-後）	0.324	1.228	0.146	0.033	0.615	2.223	70	0.029	**0.264**
リテラシー（前-後）	-0.268	0.894	0.106	-0.479	-0.056	-2.523	70	0.014	**-0.299**

出所：筆者作成

表5　講座参加者全員（n=71）の参加前の「認知」得点と参加前／後の変化

			認知_変化							合計
			-3	-2	-1	0	1	2	4	
参加前_認知	1	度数	0	0	0	9	7	1	1	18
		%	0.0%	0.0%	0.0%	50.0%	38.9%	5.6%	5.6%	100.0%
	2	度数	0	0	7	21	1	1	0	30
		%	0.0%	0.0%	23.3%	70.0%	3.3%	3.3%	0.0%	100.0%
	3	度数	0	1	0	3	1	0	0	5
		%	0.0%	20.0%	0.0%	60.0%	20.0%	0.0%	0.0%	100.0%
	4	度数	2	10	0	3	0	0	0	15
		%	13.3%	66.7%	0.0%	20.0%	0.0%	0.0%	0.0%	100.0%
	5	度数	1	0	2	0	0	0	0	3
		%	33.3%	0.0%	66.7%	0.0%	0.0%	0.0%	0.0%	100.0%
合計		度数	3	11	9	36	9	2	1	71
		%	4.2%	15.5%	12.7%	50.7%	12.7%	2.8%	1.4%	100.0%

出所：筆者作成

表6　得点1〜3点にサンプルを限定した場合のt検定結果

	平均値	標準偏差	平均値の標準誤差	差の95%信頼区間 下限	差の95%信頼区間 上限	t値	自由度	有意確率 両側p値	効果量 Cohenのd
参加（前-後）	-0.542	1.150	0.150	-0.842	-0.243	-3.624	58	<0.001	-0.472
リテラシー（前-後）	-0.323	0.903	0.112	-0.547	-0.099	-2.884	64	0.005	-0.358

注）欠損値を除いた度数は「参加」（n=59）、「リテラシー」（n=65）である。
出所：筆者作成

p<.001, d=-.566, 95%CI［-.947, -.323］, n=52）と「起業意識」項目（t=-2.263, p=.028, d=-.305, 95%CI［-.309, -.019］, n=55）、「リテラシー」項目（t=-4.336, p<.001, d=-.626, 95%CI［-.732, -.268］, n=48）において有意に平均値の上昇が見られ、効果量も中程度または小〜中程度で現れた（表7）。

　上記の結果は、仮説2及び3における「おススメ講座」の効果と検証結果が一部合致していることを示しており、中間支援事業の社会的インパクト測定の一つの尺度として一定の有効性があるものと考えられる。ただし、上述の通り、全体の回答者数が少なく、得点区間によって統計分析対象を制限した際に統計的有意性の確保が容易でないという限界がある。今後、同地域における調査を繰り返し実施していき、回答者数を増やすことが求められる。

表7　得点1～2点にサンプルを限定した場合のt検定結果

	平均値	標準偏差	平均値の標準誤差	差の95%信頼区間		t値	自由度	有意確率 両側p値	効果量 Cohenのd
				下限	上限				
参加（前-後）	-0.635	1.121	0.155	-0.947	-0.323	-4.083	51	<.001	-0.566
起業（前-後）	-0.164	0.536	0.072	-0.309	-0.019	-2.263	54	0.028	-0.305
リテラシー（前-後）	-0.500	0.799	0.115	-0.732	-0.268	-4.336	47	<.001	-0.626

注）度数は「参加」（n=52）、「起業意識」（n=55）、「リテラシー」（n=48）である。
出所：筆者作成

6.　おわりに：展望と課題

　今回の調査は、これまで効果測定が行われていなかった領域において、事業実施者である中間支援組織の関係者と外部調査者である筆者が協議を重ねつつ設計したものである。実際にNPO・市民団体をサポートしている中間支援組織との間で試行錯誤を繰り返しながら認識共有を図るプロセスを重視しており、とりわけ今回の調査のために図示した「おススメ講座」事業の効果（図1）については、「自分たちがやっていることの位置づけとこれからの方向性が明確になった」という評価をいただいている。

　一方で、設問項目には改善の余地がある。なお、一般市民や市民活動団体関係者へのアンケート調査であるため、回答率を上げるためにはさらなる工夫が必要と考えられる。今後、定期的な調査実施を目指しつつ、中間支援組織の様々な事業から社会的インパクト評価に適する指標の作成をさらに進め、中間支援組織単独でも活用できる体系的な指標を開発する予定である。なお、他団体へと適用範囲を拡げていき、より汎用性の高い指標に修正していくことも期待される。

注
1)　Marc J. Epstein and Kristi Yuthas（2014）*Measuring and Improving Social Impacts: A Guide for Nonprofits, Companies, and Impact Investors.* Routledge, p.15.
2)　ロナルド・コーエン（2021）『インパクト投資─社会をよくする資本主義を目指して』斎藤聖美訳、日本経済新聞出版社、pp.19-21.
3)　内閣府（2016）『社会的インパクト評価に関する調査研究　最終報告書』p.14.
4)　塚本一郎・関正雄編著（2020）『インパクト評価と社会イノベーション』第

一法規、pp.18-19.

5) 代表的なものとして、Global Impact Investing Network（GIIN）が開発した400以上の指標からなる「インパクト報告・投資基準」（Impact Reporting and Investment Standards, IRIS）がある。

6) Lester M. Salamon（2014）*New Frontiers of Philanthropy: A Guide to the New Tools and Actors Reshaping Global Philanthropy and Social Investing.* Oxford University Press, p.63.

7) Salamon（2014）, p.63.; Salamon（2011）"What Would Google Do? Designing Appropriate Social Impact Measurement Systems," *Community Development INVESETMENT REVIEW*, 7（2）, pp.44-45.

8) Salamon（2011）, pp.45-46.

9) Ibid.

10) Jennifer Shea, 2011, "Taking Nonprofit Intermediaries Seriously: A Middle-Range Theory for Implementation Research," *Public Administration Review*, January/February 2011, p.59.

11) Ibid.

12) 例えばMignon Ingrid and Wisdom Kanda, 2018, "A typology of intermediary organizations and their impact on sustainability transition policies," *Environmental Innovation and Societal Transitions*, Volume 29, pp.100-101 を参照。

13) 田中弥生（2005）『NPOと社会をつなぐ―NPOを変える評価とインターメディアリ』東京大学出版会、pp.18-19.

14) 原田晃樹・藤井淳史・松井真理子（2010）『NPO再構築の道―パートナーシップを支える仕組み』勁草書房、p.84.

15) 内閣府国民生活局（2002）『平成13年度 中間支援組織の現状と課題に関する調査』。主な調査結果については、原田ほか（2010）、pp.85-86にも紹介されている。

16) ここで紹介している理論の詳細については、田中（2005）を参照されたい。

17) 田中（2005）、p.87.

18) Ibid.

19) Ibid.

20) Ibid.

21) Ibid.

22) 田中、同上、p.88.

23) 特定非営利活動法人Mブリッジ（2021）『2020年度事業報告書』

24) 「エクセレントNPO」をめざそう市民会議編（2013）『改訂版「エクセレントNPO」の評価基準』言論NPO、pp.12-15.

25) 粉川一郎（2011）『社会を変えるNPO評価』pp.108-121.

26）講座への参加回数等については、Ｍブリッジのご協力のもと、これまでの全ての講座における参加者一覧を作成していただき、回答者の個人情報を特定できないように識別番号を付け、講座参加回数の合計を算出した。

参考文献

「エクセレントNPO」をめざそう市民会議編（2013）『改訂版「エクセレントNPO」の評価基準：「エクセレントNPO」を目指すための自己診断リスト―初級編―』言論NPO

川崎あや（2020）『NPOは何を変えてきたか―市民社会への道のり―』有信堂

粉川一郎（2011）『社会を変えるNPO評価―NPOの次のステップづくり―』北樹出版

田中弥生（2005）『NPOと社会をつなぐ―NPOを変える評価とインターメディアリー』東京大学出版会

塚本一郎・関正雄編著（2020）『インパクト評価と社会イノベーション』第一法規

特定非営利活動法人Ｍブリッジ（2021）『2020年度事業報告書』

内閣府（2016）『社会的インパクト評価に関する調査研究　最終報告書』

内閣府国民生活局（2002）『平成13年度 中間支援組織の現状と課題に関する調査』

原田晃樹・藤井淳史・松井真理子（2010）『NPO再構築の道―パートナーシップを支える仕組み―』勁草書房

マーク・J・エプスタイン、クリスティ・ユーザス（2015）『社会的インパクトとは何か―社会変革のための投資・評価・事業戦略ガイド―』鵜尾雅隆、鴨崎貴泰監訳、英治出版

ロナルド・コーエン（2021）『インパクト投資―社会をよくする資本主義を目指して―』斎藤聖美訳、日本経済新聞出版社

Aaker, D., Batra, R., Myes, J. C.（1992）*Advertising Management*, Prentice Hall.

Ingrid Mignon and Wisdom Kanda, 2018, "A typology of intermediary organizations and their impact on sustainability transition policies," *Environmental Innovation and Societal Transitions*, Volume 29, pp.100-113.

Ives, B. & Mason, R. O.（1990）"Can Information Technology Revitalize Your Customer Service?", *Academy of Management Executive*, 4(4), pp.52-69.

Jennifer Shea, 2011, "Taking Nonprofit Intermediaries Seriously: A Middle-Range Theory for Implementation Research," *Public Administration Review*, January/February 2011, pp.57-66.

Lester M. Salamon（2011）"What Would Google Do? Designing Appropriate Social Impact Measurement Systems," *Community Development INVESETMENT REVIEW*, 7(2), pp.42-46.

Lester M. Salamon（2014）*New Frontiers of Philanthropy: A Guide to the New Tools and*

Actors Reshaping Global Philanthropy and Social Investing. Oxford University Press.

（ホン　ソンウク／三重大学）
（あおき　まさお／三重大学）

5月14日書評セッションの報告

——芦田文夫会員と小山洋司会員の著書： 将来と過去が結ぶもの——

田　中　　宏

　昨年の大会に続いて第2回目の書評セッションは2冊の著書：(1) 芦田文夫著『「資本」に対抗する民主主義－市場経済の制御と「アソシエーション」－』と (2) 小山洋司著『ソ連・東欧の社会主義は何であったか－歴史的教訓と将来社会－』を取り上げた。

　日本比較経営学会の前身は社会主義経営学会でしたが、ソ連・中東欧の社会主義体制の崩壊を受けて、第20回大会（1995年3月、関西大学）で名称変更した。旧名称の社会主義経営学会は、個人的理解によれば、3つの意味で資本主義市場経済において生産・経営・管理を営む企業・組織を相対化して観察し解明しようとする志向性をもっていた。

　ひとつは、わが国の経営系学会のなかで唯一、資本主義とは異なる経済体制である社会主義の下で生産・経営・管理を営む企業を真正面から取り上げて研究してきたことです。もう一つは日本を含む資本主義の下での企業経営の実体と理念を批判的に検討することで、'Another firm/management is possible' を模索・探求してきたことです。

　最後はマクロな体制とミクロな組織、企業と現場との間の相互作用・連関を視野に入れて、そのプロセスを考察してきたことです。このような研究と模索、探求、関連性の追求の指向性のもとには、常に「比較」という学術的方法・行為が潜在していた。ここがメインストリーマーとの違いのひとつです。それゆえ、先の名称変更は、ソ連・東欧における社会主義体

制の崩壊という受け身の消極的対応だけでなく、経営の学術・研究の取り組み方の基本的方向性、姿勢を確認している積極的意義を含んでいた。新興市場諸国とそれに続く途上国経営の登場と学術的注目度の高まりはそのことをより強く押し出している。今回取り上げた2冊の著書もこの「比較」という視角が生きています。

　ところで、名称変更の次に本学会が直面しているのは世代交代の問題です。初期の学会運営を積極的に担っておられた会員はすでに大学教育を引退されましたが、研究の面では、そこを去られた後も、長年の蓄積のもと積極的に研究成果を公表されてきています。今回書評セッションで取りあげた芦田文夫会員と小山洋司会員もそのような方です。両会員が学会にそして若手の学会会員にどのような学術的メッセージを送ろうとされているのか、また比較経営研究という視点から何を摂取することができるのか、以下振り返っていきます。

（Ⅰ）

　芦田文夫会員による自書紹介は以下の点に絞られる。著書『「資本」に対抗する民主主義－市場経済の制御と「アソシエーション」－』の狙いと課題意識は以下の点です。未来社会である社会主義・共産主義を語る場合、「市場経済」の利用と制御を通じる理論的・実証的な研究は遅れている。そのため、「政治学」「哲学」の成果を吸収しながらも、「経済学・企業経営」の視点から「資本」に対抗する民主主義をめぐる課題を掘り下げようとした。

　シェーマ的に回顧すると、第1段階の諸改革（旧ソ連・東欧は60年代半ば、中国は78年末）は、「生産物Pの市場化」、企業の「自立性」と「効率性」、国家からのその自立化を、第2段階（80年代、中国は92年「社会主義市場経済」）の改革からは、「生産諸手段・生産諸条件Pmの市場化」、Pmの自立的・効率的利用と労働・人間の関係の表出化、企業の枠を超えた社会全体つまり労働者・生活者・市民における自由・平等、民主主義の実現問題との連動関係が登場します。

　それゆえ、21世紀的課題の意味とは、従来の「国家」権力による「所有」の変革という次元にとどまるのではなく、社会経済構成全体の内からの「自由・平等、民主主義」の成熟のいう次元が問われるのです。「コーポラティヴ（団体協調主義的）・デモクラシー」から「自立した諸個人のアソシエーション」を基礎とした社会的構成のあり方への模索と転換です。さらにその後、後者から前者を逆照射させて、前者の編成替え、つまり自立した諸個人のアソシエーション」＝市民社会的原理を基礎・基軸にして社会編成全体を組み替えていくこと、が必至となるのです。以上に関する、現実の歴史的過程の検証が第Ⅱ部の内容となっています。

　そこで21世紀的な「新しい諸契機」となるのは、「中間諸団体」の再生＋主体者・主人公としての意識的制御＋その選択・決定と参加＋「所有」と「経営・管理」の分離（ローマー「市場社会主義論の第5段階」）と多様な「ステイクホルダー（利害関係者）」（労働者、消費・生活者、市民、地域あるいは取引調達業者、投資家…）の監視や規制・社会的制御＋対等平等な諸個人－集団の自発性に基づいた相互の協議（パートナーシップ）とそれらを間接的に誘導していく規範的な制度（基準「ノルム」と規則「ルール」）による社会的な調整の仕組みの、国家による「上からの」構築＋一方での利潤率や利子率、他方での最低賃金率や労働基準、雇用基準、生活保障基準、環境基準などとのつき合わせによる制御、そのさいの「基準ノルム」と「規則ルール」/「個別的－特殊的基準」（諸組織・地域それぞれに特有な基準）と「普遍的基準（社会全体の、例えば最低賃金基準、生活保障基準、環境基準…）の多様な多次元的な重層的積み重ね＋そして最後に、企業・職場や地域における直接民主主義性と公共圏（議会）による制度化の代表制との組み合わせが重要となります。これは、ある段階における、社会的に合意された平等の「基準」に「市場経済」化を利用すること、「資本」の集積・集中、分断と格差化、支配と包摂・従属に対抗して「自由」と「平等」の内実を高次に押し上げていくこと、に帰結するとまとめることができます。これこそが「アソシエーション」の力であり、本書の核心です。

（Ⅱ）

　この発表にたいして、岩崎会員のコメントと疑問は以下の通りです（第Ⅰ・Ⅱ部コメント省略）。第Ⅲ部は、2010年代からこれまでの芦田先生の新たな「苦闘」を集約した「付加価値」を体現した箇所であり、「アソシエーション」が如何にして資本や市場経済を効果的に制御するのかという問いに対して、明確な回答が提示されているわけではないが、そこに至る道筋は示されている。テーマは全く異なるが、ダニエル・ベルの『脱工業化社会の到来』と似た読後感を得た。そこで出される4つの質問は以下の通りです。

　質問1：本書における「包摂」とは何を意味するのか？　近年、制度論では「包摂的」（inclusive）という表現が多用されているが、必ずしもその意味するところが明確ではない。アセモグルとロビンソンの『国家はなぜ衰退するのか』においても、「収奪的制度」の反義語として「包摂的制度」（inclusive institutions）という術語が採用されている（日本語訳版では「包括的制度」）。この「包摂」と本書の「包摂」とは何がどう異なるのか？

　質問2：アソシエーション資本主義での所有権の位置は？　コースやノースの新制度派経済学は、使用権/処分権を含めた所有権を軸に議論や分析が組み立てられているが、本書では、所有権（ないし資産所有階級）は、どのように位置づけられているのか？「諸個人の自立と協同」の「諸個人」に、資本家や経営者は自ずと内包されているのか？　それとも、「諸個人」と「資本家・経営者階級」は部分集合的な関係を持つのか？

　質問3：アソシエーション資本主義モデルは現存するのか？　アソシエーション資本主義論は、市民社会や国民社会に軸足を置いた経済体制論である。その延長線上には福祉国家論があるのではないか？　仮にそうだとすると、エスピン・アンデルセンの福祉国家3類型「自由主義レジーム」「社会民主主義レジーム」「保守主義レジーム」とのいずれと、本書は親和性が高いのか？　そもそもアソシエーション資本主義モデルを実現しているような国家は現在地球上に存在するのか？

　質問4：アソシエーション資本主義論は亜種か？　新種か？　本書の「ア
ソシエーション資本主義論」は、マルクスから強いヒントを得ている。
「理念系」としてのアソシエーション資本主義は、人類史第二段階時代の
資本主義と、理念系としての社会主義/共産主義の中間に位置するように
も思われるが、「アソシエーション資本主義論」をどのように位置付けて
おられるのか？　それは、マルクス経済学や従来の経済体制論から派生し
た亜種なのか、それともこれまで着想されなかった資本主義の新たな形態
を提唱する新種なのか？

　これにたいして、時間とzoomの調子の関係で十分議論が詰められな
かったので、芦田会員の回答を、コーディネーターが理解する限りで、以
下まとめてみます。

　質問3については、親和性という点からすると、「社会民主主義レジー
ム」ということになりますが、社会全体となると、「国家」による「上か
らの」権力主義的・権威主義的統合が完全に脱却されているわけではな
い。アソシエーションの具体的な実現性の問題（理念としてだけでなく）
が残っている。「福祉"国家"」の再興に替わる「諸個人・諸組織」の「自
律」の要素が不可欠です。3つのレジームはそれぞれの歴史的諸時代にお
ける異なった課題の枠組みを抱えています。地球上の現存在性では、「自
立した諸個人のアソシエーション」の在り方が、「グローバルな市場経済
化」による「自由・平等、民主主義」の危機を生み出している点で問い直
されてきています。

　質問2については、現段階での「アソシエーション―民主主義」論の理
論的枠組みの焦点はどこにあるかに関係します。二つの問題軸（一方で
は、「資本」と「賃労働」の直接的な「搾取・収奪」の止揚、他方では、
「資本」による「国家」を媒介とした社会全体の「包摂」支配の関係の止
揚と「民衆の自己統治」）との区別とその統合が展望される。その展望は
「アソシエーション」の力による「資本」の止揚、所有権の止揚が欠かせ
ません。「資本家・経営者階級」の階級性は機能化され、他面では、「諸個
人」化される。

　質問4の類型化認識は「人」の支配・疎外（労働者も、資本家・経営者

も）を止揚していく主体的な「人間的諸力」（アソシエーションのなかで）を成熟させていくなかで変化する。その場合、「諸個人＝人間」の「生＝生命・生活」、流通・消費過程における「生活」、コミュニケーション過程における「アソシエーション」（ハーバーマス）、「情報化、デジタル化」、つまり「アソシエーション」によって民主主義的に制御された資本主義の新たな変革が課題となる、と考えています。亜種でもないし、新種でもなく、新亜種という表現が近いと思います。その意味は、21世紀は「アソシエーション」によって民主主義的に制御された資本主義の新たな変革が課題となるような、人類史の移行の段階にはいりつつあると考えているからです。質問1はこれから検討したい。

（Ⅲ）

　次に、『ソ連・東欧の社会主義は何であったか－歴史的教訓と将来社会－』（ロゴス、2021年）ついての小山報告を見ていきたい。

　最初に、出版の経緯について。この4年間「EU周縁国からの人口流出と過疎化－それが欧州統合にとってもつ意味－」というテーマで研究を継続している。その研究成果はECPD（ベオグラードにある国連大学）から刊行を予定している。「2021年6月にロゴス社の編集長から、これまで発表した論文をまとめて170頁程度の本にしないかというオッファーがあったので、上記の研究の合間に本書をまとめた」。本書の執筆の意図は、3年前に執筆した論文「チェコ事件とは何であったか」（『ロシア・ユーラシアの経済と社会』No.1031）と、43年も前に執筆した論文「ソヴェト社会主義における転換点－スターリン主義の成立－」（『現代と思想』第34号、1978年）を2つの柱にして、東欧諸国やバルト三国に関する研究を追加して総合化をねらったものです。その総合化は歴史重視、1929年の上からの革命の視点でおこなっています。ロシア革命では、マルクスの想定とも異なり、ブハーリンの主張（＝農民との協調、長期的な展望、漸進的な社会主義の可能性）とも異なり、1929年末上からの革命、すなわち1920代末の穀物調達危機、全面的農業集団化が強行された。スターリ

ンは、ピョートル大帝と同じような役割を果たしたのです。物質的前提や社会的・文化的前提を欠くロシアにおいて急速かつ強引に建設された社会主義は、否定したはずのロシアの帝政の特徴を受け継ぐ歪んだものであった。こうしてリヴァイアサン（巨大な怪物）が出現した。このソ連型社会主義が第二次世界大戦後、東欧諸国に移植された。

　一党独裁の関連するものとして、ロシアの法ニヒリズム、議会軽視、パリ・コミューン型組織の美化、血みどろの国内戦というきわめて特殊な経験、緊急避難的な「分派禁止の決議」、民主的中央集権制という組織原則と一党独裁との結びつき、党と国家と融合・癒着・一体化が指摘されるが、他方、3人の研究者の成果に刮目している。一人は、リトアニアの歴史社会学者ゼノナス・ノルクス。彼は、共産主義到来以前にどの文明に属していたか、およびその発展レベルにより体制転換後の違いが生じると主張し、以下の3つのタイプを挙げています。①官僚制的＝権威主義的な共産主義の国々。チェコや東独。共産主義が移植される前に社会的、文化的、政治的に近代的であった国々。②民族的共産主義の国々。ハンガリー、スロヴェニア、クロアチア。ポーランドは①と②の混合。③家父長的共産主義。バルト三国を除く、旧ソ連のすべての共和国とブルガリア、ルーマニア。

　同時に、本書は旧社会主義体制を全否定していない。ポーランドのマルチン・ピアトコフスキ（コズミンスキ大学教授）の『ヨーロッパの成長チャンピオン－ポーランドの経済的興隆からの洞察－』（Oxford Univ. Press、2018）と堀林巧氏の著作『中東欧の資本主義と福祉システム－ポスト社会主義からどこへ－』（旬報社、2016年）が参考になっている。しかし、約700万人の農民の餓死者、ウクライナの餓死者（ホロドモール）に言及できなかったことが反省される。本書の限界は、結果的には220頁になったが、170頁という紙幅の制約を意識したこと、ユーゴスラビアの自主管理社会主義の叙述の少なさ、日本のコーポレート・ガバナンスとの比較の不十分さから来ています。

　次に、藤原克美会員による書評コメントを見ていきたい。

　本書は、中東欧の現状をよりよく理解するために社会主義時代にはどうであったのかを十分説得的な説明している書であることを認めたうえで、以下の点をコメントしています。本書はソ連・東欧の社会主義諸国を扱ってはいるが、著者自身が述べているように、本書は経済分析の書物ではない（203頁）。また、特に東欧については、制度の比較やその帰結の理論的検討ではなく、歴史的叙述に力点が置かれている。

（1）1920年代後半に繰り返された穀物調達危機の最終的解決と工業化のためにネップ路線が転換を迎える過程を政治的な闘争とともに簡潔に論じているが、この大転換だけを取り上げると、この出来事のソ連史全体あるいはソヴェト社会主義における意義が過大評価される懸念があります。レーニン時代からの一党独裁と分派の禁止がソヴェト社会主義の形成に与えた影響や、この転換が都市と農村の関係や国際関係という当時のソ連が抱える制約内でマルクス・レーニン主義が掲げる一党独裁と私的所有や市場の排除といった社会主義的理念を追求する過程で生じたものであることをより明示すべきです。

（2）ソヴェト社会主義は、第二次世界大戦直後には社会主義の唯一のひな型でしたが、ソ連固有の事情がその形成過程に影響していたのであれば、そのひな型の移植が、条件の異なる東欧諸国でどのように行われたのかも興味深い。東欧を扱った以下の章において、ソヴェト社会主義の移植の様子や結果を知ることができれば良かった。

（3）第2章「ソ連型社会主義の空間的拡大」では、第二次世界大戦と独ソ不可侵条約によってソ連がバルト三国へ空間的に拡大した経緯を説明し、第3章「東欧社会主義の状況」では、独自の自主管理社会主義をとることになるユーゴスラヴィアと、ポーランド、ハンガリー、ルーマニアの社会主義の歴史を整理している。ここでは特

に、ポーランドの「連帯」運動や、ハンガリー事件（1956年の事件）が中心的に取り上げられている。本章では、チェコ事件の経緯をヴァレンタとドイッチャーという二人の政治学者の研究をベースに説明しており、ワルシャワ条約機構軍の侵攻に至るまでの、チェコ首脳陣の動向やソ連指導部内での見解の相違を知ることができる。侵攻直前にハンガリーのカーダールがドゥプチェクに忠告したことは良く知られているが、ソ連の軍人であるグリゴレンコ将軍による軍事的アドバイスの存在や、ソ連のイデオロギー担当書記のスースロフやウクライナ共産党第一書記のシェレーストの党内での立場が少しでも違っていれば事態は別の進展を見せたかもしれないという点に興味を持った。

(4) ところで、東欧諸国のなかではハンガリーとチェコへのソ連の軍事介入とポーランドの1956年と戒厳令施行の事例がしばしば比較検討されるが、本書ではその点に関する言及はない。そもそもチェコだけが1章を割いて論じられているが、この点についての筆者の見解を知りたい。

(5) 5章「社会主義の崩壊はなぜ？」では、東欧とソ連における社会主義の崩壊の原因を次のように整理している（153-156頁）。(a) 過度な集権的経済管理システム、ソ連型社会主義の無理、多様化した社会に不適応、(b) 経済改革の徹底は政治改革に波及、一党独裁の政治体制と衝突、社会の多様な利益を一党が代表することの無理、(c) 2度の石油危機を経験、省エネ技術の開発やマイクロエレクトロニクス化への真剣な努力を怠ったこと、(d) 巨額の軍事支出の重荷、(e) 情報化時代に対応できず、1980年代以降の西側に対する立ち遅れ、(f) 一党独裁体制が自由と民主主義を制約したこと、(g) 1985年4月、ゴルバチョフがユーゴスラヴィアの首都ベオグラードを訪問、「新ベオグラード宣言」を発表、ブレジネフ・ドクトリンの放棄、(h) ゴルバチョフはアメリカとの軍拡競争をやめたいと考えたこと。以上8点について評者も異論はない。ただ、ここには制度の根本的問題と、時代的な課題などが混在しているよう

に思われる。制度の崩壊の要因を検討する際には、どのようなレベル、視点で検討するかをより明確にする必要があります。

(6) 第6章「旧ユーゴの民族紛争を考える」ではユーゴスラヴィアの国家形成から連邦解体、1999年のコソボ戦争までが要領よく整理されている。著者の専門である自主管理社会主義についてもっと記述があれば、社会主義の多様性、あるいはソヴェト社会主義との共通項を浮き彫りにすることができたのではないかと考えられます。政治的には一党独裁で、その点ではソ連型社会主義と共通していた（191頁）という指摘は重要。「歴史的教訓と将来社会」というタイトルである第7章では、筆者は、「これまで多くの人々が、ロシアで起きた革命とその結果出現した歪んだ社会主義を普遍的なものと理解し、そういう革命と社会を目指してきたが、それは間違っていた」が、「そこから教訓を引き出すことができる」と総括しています。そして、将来社会には、別の「社会主義」を展望する。現代社会の諸課題としては、格差の拡大や環境問題などがあますが、著者の考える社会主義像は、堀林に近いと思われる。堀林（2016）は、「社会主義をコルナイが示すシステム・パラダイムで理解するのはもうやめたほうが良い」（505頁）と考え、社会主義を「経済に社会が従属するのではなく、逆に社会―すなわち人間の連帯―に経済が従属する状態」と定義している。また、堀林は「現代資本主義、もっと良い資本主義、社会主義は線引きが難しい一連の過程」（504頁）という。「存在した社会主義は、社会主義の歴史の一部であって全体ではない」（505頁）という堀林氏の立場は新しい社会主義の道を探求する多くの人に共通のものですが、この点についてより明確な、著者独自による言葉が欲しかった。

(7) 評者が疑問に感じたのはドイツ企業の共同決定制についての言及です。グローバル化の進展や欧州会社法の制定等を受けて、ドイツの共同決定制は著者の考えとは逆の方向に変容しているのではないか。

小山会員の著書の藤原会員のコメントはほぼ全面に及んでいるので、追

加する必要はないです。故堀林氏はこの学会の会員でした。ここでも討論
時間の十分に確保することができなかったので、司会の個人的感想を述べ
て全体の締めとしたい。小山会員の第5章は芦田会員の報告と表裏の関係
でほぼ重なっています。藤原会員が指摘するように、社会主義が崩壊した
ことの制度の根本的問題と、時代的な課題などの混在を避ける必要があり
ます。前者に関しては、非貨幣経済、非商品化経済としての社会主義経
済、その意味でマルクスの社会主義の基本的制度的枠組みが中長期的に維
持することができなかったことが確認されています。しかし後者に関して
は、これとは対照的に、非貨幣経済化の上からのスキームの実施に対し
て、市場を生み出す日々の日常的営みが始まっていた。ロシアのネップ、
ハンガリーの市場社会主義、ユーゴスラビア社会主義、ポーランドの諸改
革、プラハの春はその経験を概念化しているように思う。社会主義制度の
崩壊の要因を検討するだけではなく、それを生かそうとする日常的な営み
が他方にあったことも記録されるべきです。これは中国の経済・経営シス
テムの評価にもつながり、芦田会員の著書が示している「市場化」の役割
と重なるものをもっています。

（たなか　ひろし／立命館大学）

A Reexamination of Business Model Innovation at Chinese Companies and the Transition of China's Economic and Social Systems

Yutaka TAKAKUBO (Nihon University)

The purpose of this paper is to focus on business model innovation at Chinese ICT companies and to reexamine its relationship to the transition of economic and social systems, utilizing "resetting neoliberal management practices" and "post-capitalist management" as keywords. For better or worse, rapid technological progress in the world is expected to transform the economic and social systems that people have constructed, and to have a major impact on ethics and social norms. Therefore, the way people face the process of moving toward a new social order is being called into question.

In China today, sophisticated business ecosystems are being built. Recent Chinese government policies toward ICT companies appear to be politically motivated by the goal of "common prosperity" in order to reduce economic disparity. Nevertheless, this increasing regulation can be interpreted as a complex situation that is also related to the global trend toward economic fairness. In addition, the development process of makerspaces suggests that the new rule-making practice formed among business partners is worth noting. At present, this phenomenon appears to be unique to China, but also it may be synchronous with global trends.

The recent Chinese corporate code of conduct has often been described as a reversion from the norms required under the reform and open-door policies to those required under the principles of socialism. However, we could also interpret this as a "Ru-orientation" in the components of value norms rather than a reversion. In other words, it is a change in emphasis in the composite structure of "externalized rules (Fa)" and "rules that appeal to the inner self (Ru)". In this context, the expressions "post-capitalism" and "resetting neoliberal practices" can be described as a process of creating new rules in a new phase of the times. Under these circumstances, the trend to "win-win orientation" in business model innovation is particularly noticeable among ICT companies that contribute to social change. As the digital society spreads and open innovation becomes more prevalent, it will be necessary to explore the relationship with stakeholder-oriented management practices.

Hybrid For-profit and Non-profit Management in Islamic Countries

Hideko SAKURAI（Chuo University）

The focus of this paper is the rationale for hybrid for-profit and non-profit management in Islamic societies from a post-capitalist perspective. In Islamic countries, innovation through investment for-profit activities utilizing *waqf* assets has been progressing in recent years. *Waqf* is essentially an endowment of real estate, but in addition to this, capital-financed cash waqf and corporate waqf have emerged in the modern era. In addition to socially and publicly oriented businesses, the assets of such *waqf* are invested in for-profit businesses similar to general corporations, and the profits earned from these businesses are reinvested in both the for-profit and not-for-profit sectors. In this paper, first, the inseparable relationship between existence and endowment in Islam is discussed with a particular reference to *waqf* system. Next, the contemporary management of hybrid enterprises associated with *waqf* assets is examined, focusing on the cases of Iran and Malaysia. Finally, the importance of this hybrid type of business management in creating "coexistence value," which is based on PLS (Profit-Loss Sharing) is discussed. An important aspect of hybrid for-profit and non-profit management would be a partnership in which, in addition to the distribution of profits, external costs are borne fairly and losses are also shared.

Through the above discussion, it will be clear that the hybrid type of business greatly contributes to building countless tangible and intangible connections in society through for-profit and non-profit businesses, and ensuring the survival of the business as well as the survival of the community. The paper concludes that in order to face the post-capitalist era, it is imperative for us to manage our businesses in a way that creates coexisting value on a global level, by building a hybrid for-profit and non-profit management system of the PLS method rooted in one's own culture.

Japanese Management Systems as Managerial Revolution and Japanese Corporate Governance Code as Shareholder Counter-Revolution

Yukinobu OTA （Showa Women's University）

In this paper, I explore the historical transformation of the corporate governance system of dispersedly owned Japanese corporations as well as closely-held Zaibatsu groups, with emphasis on the advancement of salaried managers within the corporate management hierarchy and their dynamic relationships with the shareholders.

In the pre-war period, I found shareholders had been very active, demanding the managements for better shareholder returns, especially higher dividends, and not-hesitating firing the under-performing managements; They were in stark contrast with those shareholders observed in the post war "Japanese Management System （JMS）." Silence of shareholders have been attributed to famed cross-holding of shares within the corporate group of the ex-Zaibatsu and mega-bank Keiretsu companies.

In contrast, Zaibatsu group companies and their managers had been segregated from noisily active outside shareholders by family-controlled holding companies; hence, the managers could enjoy uninterrupted exercise of management power, subject to the managerial control from the Zaibatsu holding companies.

Both groups of companies and managers, however, had to go through turbulent period; firstly, the centrally planned economy in the anti-capitalism total mobilization regime during the war time (1931-1945) and secondly, reformation brought by military administration of American occupation force, "operation democratization of Japanese economy" (1945-1951). Zaibatsu groups were totally disbanded, companies losing stable parent shareholders, which were replaced by widely dispersed individual shareholders. Aristocratic capitalist shareholders were forced to give up control of their portfolio companies, and had lost social and economic clout, too.

Major companies lost their experienced management ranks, as US purged the managers during the war period, and had to confront with legalized and empowered labor unions. The following turbulent period helped to form JMS, by which Japanese economy could achieve miraculous economic growth from 1951 to 1990.

Concludingly, I found the JMS was equivalent of the Managerial Revolution in 1930s in US, in which the salaried managers took away the control of the corporation they manage from the shareholders; I also found the Japanese Corporate Governance Code of 2015, a reformation prescription to underperformance of post-bubble Japanese economy, was equivalent of the Shareholder Counter-Revolution in 1980-90 in US, which reversed the control power of corporation back to the shareholders.

Managers now must tackle with the difficult tasks of managing their companies under the louder voice of shareholders, with equal attentions paid to other stakeholders in the ESG framework regime.

Corporate Society in the State-led Capitalism

Satoshi MIZOBATA （Kyoto University/ Ritsumeikan University）

The coronavirus disease 2019 （COVID-19） pandemic, inflated fiscal expenditure in response to the subsequent economic crisis, China-US economic conflicts, and Russia's invasion of Ukraine have all brought about structural changes in the contemporary world economy. These changes have intensified the role and intervention of the state itself rather than the market functions. This study examines Russia's state-led capitalist economic system and identifies the foundations of the state-led corporate society.The state has extended its role beyond the traditional market failure sphere. It can be measured in terms of the interrelated concepts of size, strength, and depth in an economy. Size refers to its weight in the economy. On the one hand, it is measured by the size of the state budget and that of the state civil service, that is the size of the government; on the other hand, it is measured by the size of public ownership, the state's economic activities, and the state- and state-related enterprises. Strength refers to the intensity of state penetration into society, indicated by the frequency and intensity of state intervention, strength of the legal and regulatory system, enforcement of intervention, and intensity of trust. Depth is indicated by the degree of penetration of the state into society and the size of its penetration area. Its role extends not only to public; education; medical and health; labour; and industrial policies, but also to redistribution.

The Russian state is not considered large when measured in terms of expenditure as a percentage of GDP; it is not necessarily very effective in enforcing measures intended to combat violations of law and corruption within the legal system. Size and strength do not explicitly characterise Russia's state-led system. In contrast, with regard to depth, the state itself embodies diverse stakeholders in Russia and strengthens its penetration in the society. The state is one of the market players, an innovator and producer, as well as a consumer;

the redistribution of resources by the state not only supports enterprises, but also contributes to social stability to the extent that Russia's authoritarian system cannot exist without this stabilisation. The COVID-19 crisis and the war in Ukraine have extended the sphere of state penetration and support and strengthened the stabilising effect of social policy on poverty.

The corporate society in Russia is being increasingly state driven; it has helped in reducing economic disparities and poverty levels by granting pensions or financial transfers to people/regions in need of support. The state has also contributed to the provision of a safety net for providing jobs, benefits, and services in kind. In other words, Russia is building a 'cosy authoritarian system', given that the Putin regime is pushing for a new social contract promoting higher real wages and an increase in pensions, and the state is fulfilling the safety net function. However, the current war, sanctions imposed from the west, and declining population have made it difficult to sustain this state-led system. Furthermore, the increasing number of pensioners（aged society）and poor redistribution recipients illustrate the existence of difficulties in maintaining the sustainability of the state-led system. Sttate-led capitalism obliges inevitably to decide how to design and implement the new social contract.

History of Industrial Rationalization Movement in Germany: A Comparative Study of the Rationalization Movement in Weimar and Nazi Era and the Productivity Movement after World War II

Toshio YAMAZAKI（Ritsumeikan University）

This paper aims to clarify the significance of systematic movements for rationalization and productivity improvement in Germany before and after World War II by comparing such efforts during the Weimar Republic, National

Socialism, and the postwar period from the late 1940s to the early 1960s. This paper considers the Rationalization Movement in the Weimar and Nazi eras, and the Productivity Movement after the war, concerning some important perspectives, such as the historical condition, economic relationships with the United States, the international cooperative system, the deployment of American management methods, systematic endeavor including state and labor union involvement and cooperation, the regional situation in Europe, and those that elucidate commonalities and differences between these three periods.

The unique character of German capitalism prior to World War II manifested in the market as a disproportion between productive force and the market, which had become the most significant bottleneck for business management and productivity development. Limitations in German capitalism's reproduction structure (accumulation structure) during this period were determined by blockaded restrictions on export markets under closed conditions, such as the economic sphere of colonies, closed trade relationships, conservative trade policies of European countries, and movement toward the formation of economic blocks following the 1929 global economic crisis. Such constraints were also a result of the international cooperative system's weakness, as evidenced by a lack of market collaboration among nations and trade policies as countermeasures. Worldwide chains and links of the market and capital based on international cooperation in economic affairs, as observed after World War II, were not established, which hampered the development of German enterprises and capitalism. This situation determined the limits of rationalization during the Weimar period and laid the groundwork for systematic efforts led by the fascist state to expand munition and tighten labor control in the Third Reich.

In contrast, during the postwar period, the Productivity Movement led by the United States under its global strategy not only contributed to the recovery and development of enterprises and the economy, but also created the international linkage of markets, allowing Germany to create for the first time a reproduction structure of capital based on the European region. However, realizing such an accumulation structure was only possible through a re-framing process involving modifying American management methods and international competitiveness based on local conditions.

A Preliminary Consideration on the Social Impact of an Intermediary Program for Nonprofits: A Case of the Education Project of a Civic Activity Support Center

Sungwook HONG（Mie University）

Masao AOKI（Mie University）

In recent years, various institutions and programs in Japan have come to be required to conduct "social impact evaluation" to measure and visualize the social value they have created. Social impact evaluation must go beyond the conventional monetary cost-benefit analysis, and an examination of whether the results are consistent with the project objectives must accompany it. However, there is a problem that it tends to target organizations that are large in scale and have wide-ranging activities. Research and development of impact measurement methods suitable for smaller projects of intermediary organizations that support public awareness and civic activities at the local level are lagging.

This study takes up a program by an intermediary organization that supports civic groups in a local area. We aim to develop indicators that can measure the impact of questionnaire surveys on the behavioral changes of program participants and verify their effectiveness.

First, we organized the concepts of social impact, social impact evaluation, and intermediate organizations in this research. Next, we took up an educational program implemented by an intermediary organization as an example. As a theoretical framework for measuring the social impact of this program, we referred to the theory of customer attitude change in marketing research. We proposed three hypotheses: ［H1］ Participation in the program by civic group members affects the group's performance. ［H2］ Participation in the program by individuals who do not belong to civic groups induces interest in civic activities. [H3] Participation in programs by individuals who do not belong to civil groups positively impacts their willingness to participate in civic groups and their decision to start civic activities.

As a result, for H1, no statistically significant relationship was found between participation in the program and the organizational performance of civic groups, and the results did not support the hypothesis. H2 and H3 were partially supported. When we focused on respondents with low awareness of civic groups and low motivation to participate before participating in the program, their willingness to participate, start civic activities, and ability to gather necessary information significantly increased.

『比較経営研究』投稿規程

1）投稿資格
　原則として、当学会会員とする。

2）投稿内容
　経営の比較研究に関する学術論文（以下論文。統一論題報告にもとづく論文、自由論題報告にもとづく論文、自由投稿論文を含む）、研究ノート、大会ワークショップ、ミニ・シンポ等の記録、書評等とし、未発表のものに限る。二重投稿は厳に禁止する。

3）原稿字数
　論文および研究ノートは20,000字（英文の場合は7,500語）以内、大会ワークショップ、ミニ・シンポ等の記録および書評は7,000字（英文の場合は2,550語）以内とする。この文字数には、本文のほかに図表、注、参考文献も含まれるものとする。

4）使用言語
　審査および印刷の関係上、使用言語は日本語、英語のいずれかとする。
　使用言語が母語でない場合は、使用言語を母語とする者の点検を受けたうえで原稿を提出すること。
　十分な点検を受けていない原稿は受理しない。

5）執筆要領
　別に定める「執筆要領」にしたがうこととする。

6）原稿審査
　論文あるいは研究ノートとして提出された原稿は、統一論題報告にもとづく論文を除き、審査の上掲載を決定する。原稿の審査は、1篇につき編集委員会が依頼する2名の会員により行う。なお、審査の過程において、編集委員会より、原稿の手直しや、論文から研究ノートへの変更を求めることがある。
　この求めに投稿者が同意できない場合、投稿者は原稿の投稿自体を取り消すことができる。

7）投稿方法
　原稿審査（査読）の対象となる投稿は、編集委員長が定める原稿締め切り日までに、「投稿原稿送り状」とともに原稿の電子ファイルを編集委員長に投稿すること。その他の原稿についても、編集委員長が定める原稿締め切り日までに提出すること。

8）規程の施行と改正

　本規程は、2004 年 9 月 4 日より施行する。

　本規程は、2007 年 5 月 12 日に一部を改正した。

　本規程は、2007 年 5 月 12 日より施行する。

　本規程は、2011 年 5 月 13 日に一部を改正した（3）および 7））。

　本規程は、2011 年 5 月 13 日より施行する。

　本規程は、2015 年 5 月 9 日に一部を改正した。

　本規程は、2015 年 5 月 9 日より施行する。

　本規程は、2022 年 5 月 13 日に一部を改正した。

　本規程は、2022 年 5 月 13 日より施行する。

　本規程改正は、理事会の承認によって行う。

『比較経営研究』執筆要領

1）原稿の文字数、枚数について

    イ）原稿用紙は A4 用紙を使用し、1 頁あたり 40 字×30 行、横書きとする。活字は 10.5 ポイントのものを使用する。英文の場合は A4 用紙にダブル・スペースで印字する。

    ロ）論文および研究ノートの原稿の文字数は、行単位によって計算する。本文、注、図表、文献リストを含めて、全角 40 字×40 行、12.5 枚（500 行、20,000 字）以内を基準とする。

2）英文アブストラクトについて

    論文および研究ノートは、英文アブストラクト（30 行以内）を巻末に一括して掲載するので、執筆者は英語を母語とする人からチェックを受けたものを用意し、最初のページに添付する。

3）原稿の提出について

    イ）原稿は、電子ファイルを編集委員長宛に送付するものとする。

    ロ）論文および研究ノートは、別紙「投稿原稿送り状」に必要事項を記入し、原稿とともに提出する。

4）タイトル・目次・本文について

    イ）本文の冒頭にタイトル、氏名、勤務先（所属）を付記する。例「経営太郎（比較大学）」

    ロ）大学院生の場合は所属を「経営太郎（比較大学・院）」と表記する。

    ハ）原稿審査（査読）の対象となる投稿の場合、原稿には氏名、勤務先（所属）を付記しない。

    ニ）章・節・項の見出しは、それぞれ 1、(1)、①とし、「項」以下の見出しは a）、b）、c）とする。

5）注・文献リストについて

    イ）本文中、当該箇所の右肩に 1)、2) のようにつける。

    ロ）注および文献リストは、本文の文末にまとめて付す。

    ハ）一つの注のなかで複数の文献を列挙するときは、長くなる場合でも改行をしないことを原則とする。

6）図表について

    イ）図および表はそのまま印刷できるような鮮明なものを用意する。印刷所で新たに作る場合は実費負担を求めることもある。

ロ）図表の番号と標題を、図の場合は図の下に、表の場合は表の上に記す。図 1、図 2、表 1、表 2 のように図表は別々に、一連の番号を用いる。

ハ）図や表の典拠などは図や表の下に注記する。

ニ）図や表は、原稿の本文中か、末尾に一括して添付するものとする。

○ 著者校正を実施するが、編集上の重大な誤りを防ぐ目的であり、新たな文章を加えないものとする。

○ 著者校正は再校までとする。それ以降に発生する費用は、著者が要した実費を負担することとする。

○ 予め決められた原稿字数と原稿締め切り日を厳守するものとする。

［付則］2004 年度第 2 回理事会（2004 年 9 月 4 日）改正
［付則］2007 年度第 3 回理事会（2007 年 5 月 12 日）改正
［付則］2010 年度第 2 回理事会（2011 年 5 月 13 日）改正（3）の一部）
［付則］2016 年度第 2 回理事会（2017 年 5 月 12 日）改正（1）、2)、5) および○の一部
　　　　ならびに追加 6)）
［付則］2022 年度第 2 回理事会（2022 年 5 月 13 日）改正

編集後記

『比較経営研究』第47号が刊行の運びとなりました。本号は2022年5月13日（金）～15日（日）の日程で開催された第47回全国大会の報告をベースにしております。開催にあたり新潟薬科大学の皆さまをはじめ多くの方々にご尽力いただきましたこと、心より御礼申し上げます。

今年度の統一論題は「ポスト資本主義の経営を求めて―新自由主義的経営の実践のリセット―」でした。新型コロナウィルス感染症による影響はやや落ち着きを見せ始めたものの予断を許さない状況にあることから、全国大会も残念ながらオンライン開催となりました。さらに、開催約2か月前にはロシアによるウクライナ侵攻が始まるなど、世界は以前より不安定になりSDGsの達成も危ぶまれている情勢下にあります。

このような中で顕在化してきた様々な課題を踏まえ、全国大会では活発な議論が行われました。本号には統一論題でご報告いただいたすべての会員の皆様の論文が掲載されております。また、ワークショップ「まちづくり会社『株式会社パッチワークAKIHA』の設立・現状・課題」でご講演いただいたものや2名の会員の著作を対象とした書評からも発言や交流の雰囲気が伝わるものと思われます。

本号刊行にあたり、ご投稿くださった会員の皆様ならびに、ご多忙なところ査読審査をご快諾いただきました会員の皆様に心より御礼申し上げます。

最後に、刊行にあたりいつも的確なご助言をくださいました文理閣の山下様ならびに編集委員各位には多大なご協力を賜りました。重ねて御礼申し上げます。

2023年3月

日本比較経営学会　学会誌編集委員長　根岸可奈子

日本比較経営学会

Japan Association for Comparative Studies of Management

　「企業経営の理論と現実を市場・社会体制との関連で比較研究する」ことを目的に、1976年4月創立された。年次研究大会、部会の開催および学会誌の刊行などの研究交流事業を行っている。本学会はこれまでに『会社と社会―比較経営学のすすめ―』（文理閣、2006年）、その英語版である Business and Society -New Perspective for Comparative Studies of Management, Bunrikaku Publisher, 2007 などを刊行してきた。

　本学会の概要、加入方法、連絡先については以下の本学会ホームページに掲載している。　http://www.soc.nii.ac.jp/jascsm/index.html

ポスト資本主義の経営を求めて
―新自由主義的経営実践のリセット―
比較経営研究　第47号

2023年3月30日　第1刷発行

編　者　日本比較経営学会

発行者　黒川美富子

発行所　図書出版　文理閣
　　　　　京都市下京区七条河原町西南角　〒600-8146
　　　　　電話 075-351-7553　FAX 075-351-7560
ISBN978-4-89259-938-5